선_긋기의_기술

NINGEN KANKEI NO SEIRIJUTSU

© KYOKO WAKI 2017

Originally published in Japan in 2017 by CROSSMEDIA PUBLISHING CO., LTD., TOKYO.
Korean translation rights arranged with CROSSMEDIA PUBLISHING CO., LTD., TOKYO,
through TOHAN CORPORATION, TOKYO, and Eric Yang Agency, SEOUL.

이 책의 한국어판 저작권은 EYA(Eriv Yang Agency)를 통한
CROSSMEDIA PUUBLISHING Co., Ltd.와의 독점계약으로 '(주)알에이치코리아'가 소유합니다.
저작권법에 의하여 한국 내에서 보호를 받는 저작물이므로 무단전재와 무단복제를 금합니다.

선_긋기의_기술

눈치 보지 않고 당당하게 거리 두기

와키 교코 지음 — 오민혜 옮김

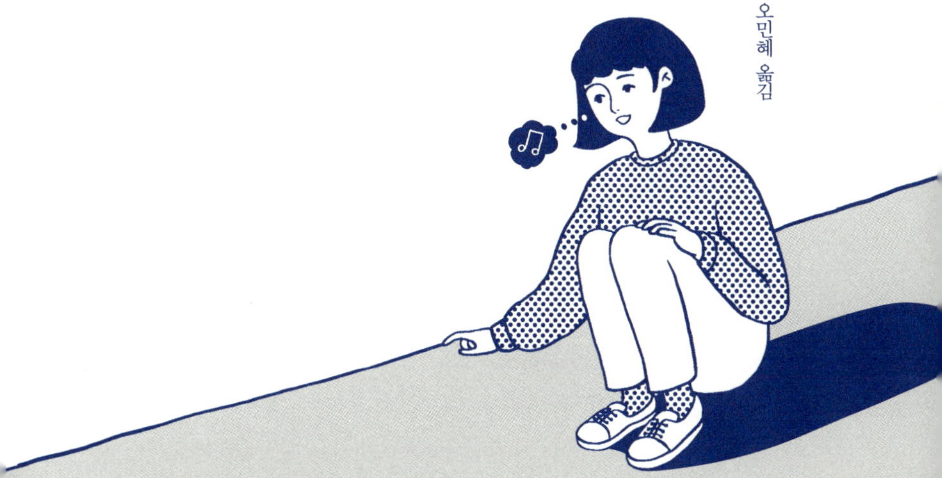

RHK
알에이치코리아

들어가는 글

관계의 매듭을 풀어야
나를 사랑할 수 있습니다

수많은 책 중에 이 책을 골라주셔서 정말 감사합니다.

이 책을 펼친 여러분은 분명 일과 생활 모두 열심히 해왔을 겁니다. 하지만 살다 보면 이런 생각이 들 때가 있지 않나요?

'왜 다들 내 마음같지 않지? 사람 스트레스 때문에 일도 잘 안 풀리는 것 같아.'

이런 생각으로 힘들어하는 여러분에게 우선 격려의 말씀을 드리고 싶습니다. 그런 생각을 한다는 건 열심히 살고 있다는 증거입니다. 그동안 힘드셨겠네요. 수고 많으셨어요.

나아가 이런 말씀도 드리고 싶어요.

"앞으로는 힘을 빼고, 좀 편하게 살아볼까요?"

타인은 정말 지옥일까

저는 이 책에서 인간관계를 잘 정리하기 위한 기술을 알려드리려고 합니다. 이는 무조건 인연을 끊어버리자는 과격한 뜻만은 아닙니다. 사이다 같은 이야기를 기대하셨던 분들에게는 조금 죄송하네요. 하지만 사이다 같은 이야기는 듣는 순간 청량감을 줄진 몰라도, 길게 보면 몸에 좋지 않아요. 저는 여러분에게 '사이다' 대신 몸과 마음의 지속적인 건강을 안겨줄 수 있는 '보약' 같은 이야기가 절실하다고 생각합니다.

사실 피곤한 관계들을 다 끊어버리면 남는 관계가 얼마 없을 겁니다. 또 우리에게는 끊고 싶지만 도저히 끊을 수 없는 관계들도 존재하죠. 다행인 것은 단호하게 끊어야 할 관계도 있지만, 대부분의 경우 약간의 거리를 두거나 관계의 양상을 바꾸는 것만으로 부드러운 사이를 유지할 수 있다는 점입니다. 때로는 말투를 조금만 바꾸어도 관계가 역전되기도 하죠.

또한 인간관계 문제에 단편적으로 접근해선 안 됩니다. 워낙 다양한 사람과 상황이 얽혀 있다 보니, 각각의 문제에 대처하는 방법도 저마다 다를 수밖에 없거든요.

모두 알다시피 사람이 달라지기란 쉬운 일이 아닙니다. 오죽하면 "과거와 타인은 바꿀 수 없다"란 말이 있을까요? 그래서 타인은 지옥이란 생각도 들지만, 막상 혼자 있다 보면 외로움을 많이 느끼는 게 또 우리 인간들이죠. 저 역시 '사람 때문에 힘들어하는 마음'과 '사람들과 잘 어울리고 싶은 마음' 사이에서 갈등하며, 아주 긴 시간 동안 마음고생을 해야만 했습니다.

내 삶 속에 '나'가 빠져 있던 시간들

저는 중학생 때부터 배우가 되고 싶었습니다. 그 꿈을 이루려면 도쿄로 상경해야겠다고 생각하던 와중에, 어머니와 선생님이 도쿄대를 지망해보는 게 어떻겠느냐고 권유하셨습니다. 저는 도쿄에 가고 싶은 마음에 열심히 공부해서 도쿄대에 합격했습니다. 입학 후에는 바로 연기 공부에 전념했고, 운이 따랐는지 머지않아 배우로 활동하게 되었습니다.

네, 그토록 바라던 꿈을 이뤘습니다. 하지만 현실은 달랐어요. 걸핏하면 오디션에서 떨어졌습니다. 촬영 현장에서 "넌 쓸데없이 가방끈이 길어!"라며 비아냥대는 사람도 있었죠. 촬영 속도를 따라가기도 힘들었어요. 점점 배우가 적성에 맞지 않는다는 느낌이 들었고, 결국 연기 생활을 접게 되었습니다.

그렇다고 딱히 하고 싶은 일이 있던 건 아니었기에, 전부터

꿈꿨던 유학을 떠나기로 했습니다. 주위에서 권하는 대로 뉴욕대 MBA 과정을 밟았죠. 하지만 수료하는 날이 다가와도 내가 진짜 하고 싶은 일이 뭔지 보이지 않았습니다. 그래도 생활비는 벌어야겠기에, 지인의 도움으로 첫 직장을 구한 후 여섯 회사 정도를 거치며 일을 계속했습니다.

그런 가운데 크고 작은 인간관계 문제가 저를 괴롭혔고, 이로 인해 회사를 그만두고 옮기는 일도 번번이 생겼습니다. 그러다 7년 동안 근무했던 마지막 회사에서 아주 커다란 시련에 부딪혔습니다. 역시나 인간관계 문제였죠.

열심히 일했고 좋은 평가도 받았지만, 껄끄러운 사람과 매일 얼굴을 봐야 한다는 건 곤혹스럽기 그지없는 일이었습니다. 회사를 그만두지 않는 이상 계속 마주쳐야 하니, 쉽사리 싫은 내색을 하기도 어려웠고요. 그렇게 하루하루를 버티다 보니 아이러니하게도 성과를 인정받아 팀장이 되었는데요. 이때 정말로 큰 문제가 저를 찾아왔습니다.

'내 판단에 자신이 없어. 주위 사람들이 나를 기대했던 것보다 별로라고 생각하는 것 같아.'

이런 부정적인 생각이 들면서 팀원들이나 상사의 눈치를 보게 되었고, 점차 정신이 피폐해졌죠. 작은 것에도 예민해졌고 팀원들에게 자꾸 짜증을 부리게 됐습니다. 결국 팀을 이탈하는 직원들이 하나둘 늘어났습니다. 마침 저를 눈엣가시처럼 여기던 상사로부터(이 역시 저의 착각이었는지도 모르지만) 팀 관리를 제대로 하지 못한다는 질책을 받자, 그다음부터는 판단력이 점점 흐려지기 시작했습니다.

이렇게 살다간 몸도 마음도 무너지겠다는 예감이 들었습니다. '여기서 벗어나고 싶어. 방법이 없을까?'

지푸라기라도 잡으려는 심정으로, 여러 책들을 뒤져보고 관련 세미나에도 찾아다녔습니다. 그러다 우연히 한 수업에서 큰 깨달음을 얻고 마음의 짐을 덜 수 있었는데요. 결국 그 수업이 제 커리어도 바꾸어버렸습니다. 저를 마음 지옥에서 구해준 그 수업의 강사처럼 저도 관계 문제로 고민하는 사람들을 돕는 코치가 되기로 한 것입니다.

요즘 저는 "고민이 별로 없어 보이네?"라는 말을 자주 듣습니다.

잘못된 습관, 꼬여버린 관계

간단하게 이야기했지만, 제가 마음의 평화를 찾지 못해 전전긍긍했던 시간은 무려 20년이었습니다. 그 긴 시간 동안의 마음

고생을 치유해주었던 그날의 수업에서, 선생님은 제일 처음 저에게 다음과 같은 질문을 던졌습니다.

"다른 사람과의 관계에서 드러나는 고정된 습관이나 원칙 같은 게 있나요?"

곰곰이 생각해보니 제게는 다음과 같은 특성이 있었습니다.

- 첫째, 주위의 기대에 따라 행동한다.
- 둘째, 위기를 파악해 상대방에게 맞춰준다.
- 셋째, 협조를 구하기보다 알아서 하는 편이다.

이런 저에게 선생님은 세 가지 사실을 가르쳐주었습니다.

- 첫째, 내 말과 행동이 달라지면 상대방의 반응도 달라진다.
- 둘째, 과거를 다른 관점에서 바라보면 자기평가가 달라진다.
- 셋째, 훈련을 하면 말과 행동, 과거를 바라보는 관점을 바꿀 수 있다.

저는 늘 타인에게 잘 맞춰주면서 '착한 아이' 혹은 '좋은 사람'이란 평가를 받아왔습니다. 제가 그런 상황에 만족하며 스스로 스트레스받지 않았다면, 인간관계 때문에 괴로워하지도 않았을 겁니다.

하지만 사회생활을 하다 보니 그저 좋은 사람인 것만으론 해결할 수 없는 상황에 직면하게 되었습니다. 이러지도 저러지도 못한 채 힘든 시간을 보냈고, 딱 한발 헛디뎠을 뿐인데 모든 일이 꼬여버리기도 했죠. 그 과정에서 저는 주위 사람들을 대하는 제 태도가 완전히 잘못됐음을 깨달았습니다.

가장 중요한 건 '나와의 관계'

여러분은 저처럼 오랫동안 혼자 힘들어하지 않았으면 좋겠습니다. 그래서 제가 괴로움에서 벗어나 행복해진 비결을 조금이나마 공유하고자 이 책을 썼습니다.

저는 제 인생을 바꾼 그 수업에서 선생님의 질문에 대답을 하며 '내 내면에 있는 불필요한 생각' '마음 깊숙한 곳에 숨겨두고 스스로 들여다보지 않았던 마음'을 하나하나 찾아낼 수 있었습니다. 단지 선생님이 던지는 질문에 대답을 했을 뿐이었는데 말이죠.

무조건 질문을 던지고 대답을 한다고 해서 이런 일이 벌어지지는 않습니다. 부적절한 질문은 오히려 부정적인 사고를 이끌어내고, 심지어 불안감과 공포심을 자극하기도 합니다. 때문에 좋은 질문을 찾고 스스로에게 던지는 연습이 무엇보다 중요합니다.

하지만 여러분의 지쳐버린 머리로는 아무런 질문도 떠오르지 않을 것입니다. 이런 고민을 해결해드리고자, 각 장마다 도움이 될 만한 질문들을 담아놨습니다. 이 질문들은 지금껏 살아오면서 몸에 밴, 여러분을 옭아매는 습관을 스스로 찾아낼 수 있도록 안내할 것입니다. 그리고 그런 습관들로 인해 꼬인 관계들을 잘 풀어내고 정리하는 법 또한 알려드릴 것입니다.

1장에서는 인간관계를 정리하는 데 가장 중요한 핵심 원칙에 대해 이야기합니다.

2장, 3장, 4장에서는 각각 가족·연인, 친구, 직장 동료라는 특정 인간관계에서 발생하기 쉬운 문제를 다루었습니다. 실제 사례를 든 데다 손쉽게 따라 할 수 있는 해법들, 이를테면 '스케일링'이라든지 '그래프 만들기' 등도 소개해두었으니 꼭 활용해보세요.

5장, 6장, 7장에는 '나와 마주하는 법'이 등장합니다. 가장 중요한 인간관계는 바로 '나와의 관계'입니다. 나와의 관계가 망가지면 타인과의 관계가 잘 이루어질 리 없죠. 그러니 경우에 따라 이 장을 먼저 보셔도 좋을 것 같습니다. 이 장을 통해 나를 잘 알고 친해져 지금보다 더 당당하고 자신 있게 살아가시기 바랍니다.

저는 여러분이 이 책을 읽으며 인간관계의 매듭을 깨끗이 풀었으면 좋겠습니다. 그러나 궁극적으로 바라는 것은 따로 있습니다. 바로 다음과 같은 생각을 갖게 되는 것입니다.

'나도 꽤 괜찮은 사람이구나.'

여러분의 머릿속에 이런 생각의 씨앗이 조금이라도 뿌려진다면 정말 기쁠 것입니다.

와키 교코

들어가는 글 관계의 매듭을 풀어야 나를 사랑할 수 있습니다 ···005

나에게 가장 중요한 사람은 나

'나 위주'로 살아도 큰일 나지 않습니다 ···021
머리도 알고 가슴도 따라야 한답니다 ···027
질문만 잘 던져도 단번에 답을 알 수 있죠 ···035

더 읽어보기 나에게도 남에게도 조금 더 너그럽게 ···042

가족·연인관계 조금 멀리 선을 그어도 괜찮아

사사건건 참견하는 부모님이 너무 피곤해요 ···047
사랑을 못 받고 자라서 그런지 자존감이 낮아요 ···057
내게 무관심한 이 사람과 계속 함께해도 될까요 ···068
연애든 결혼이든 하고 싶은데, 좋은 사람을 못 찾겠어요 ···079

더 읽어보기 뇌를 이용해 마음을 바꿔치기? ···087

차례

3 친구관계 선을 넘어오지 않도록

그 친구는 항상 제게 상처 주는 말을 해요 … 091
단짝 친구가 연애를 하면서 사이가 멀어졌어요 … 100
농담이라며 되도 않는 소리를 해서 너무 짜증나요 … 108
친구가 별로 없다 보니 불만이 있어도 참게 돼요 … 116
잘나가는 친구들을 볼 때마다 주눅이 들어요 … 123

4 직장 내 인간관계 2개의 선을 그리자

나를 너무나 화나게 하는 상사가 있어요 … 133
워커홀릭 상사와 일하다 보니 날마다 우울해요 … 142
동료들 사이에 잘 끼지를 못하겠어요 … 152
일을 제대로 못 해내는 후배 때문에 난감해요 … 158
더 읽어보기 행복의 소용돌이에 빠져드는 입구는 바로 '나' … 165

나와 일의 관계 일은 일, 일상은 일상

아무리 생각해도 일하는 보람이 전혀 없어요 … **169**
앞으로 뭘 먹고살아야 할지 잘 모르겠어요 … **178**
하고 싶은 일이 있는데 첫발을 내디딜 용기가 없네요 … **190**
일하는 데 보고 배울 사람이 없어요 … **198**

나와 무기력의 관계 시각화가 필요해

아무 이유 없이 계속해서 무기력하기만 해요 … **209**
한번 기분이 가라앉으면 쉽게 회복되질 않아요 … **217**
해야겠다는 생각만 하고 정작 행동으로 옮기질 못해요 … **224**
의욕을 가져야겠다는 생각조차 들지 않네요 … **233**
더 읽어보기 당신에게도 '좋아하는 것 노트'가 있나요? … **241**

나와 자신감의 관계 PDCA를 돌려요

자꾸 다른 사람들의 눈치를 보며 괴로워해요 ⋯ 245
성격이 우유부단해서 스스로 결정을 내리지 못해요 ⋯ 253
제 외모에 자신이 없어서 위축이 돼요 ⋯ 260
'어차피 난 안 돼'라는 생각이 머릿속을 떠나질 않아요 ⋯ 270

마치는 글 내 힘으로 행복을 얻는 첫걸음 ⋯ 277

1
나에게
가장 중요한 사람은
바로 나

인간관계 문제를 풀어가는 데 가장 필요한 건 뭘까요? 앞뒤 가리지 않고, 나에게 스트레스를 주는 지긋지긋한 사람들을 깔끔하게 떼어내면 될까요?
그런 사람들 앞에서 당당하게 욕이라도 한마디하고 쿨하게 등을 돌리고 싶은 마음, 이해합니다.
아마 모두가 한 번쯤 가슴속에 품어봤을 법한 마음일 겁니다. 실제로, 그렇게 해야 할 때도 있습니다.
그런데 그러려면 무엇이 필요할까요? 당당한 태도 아닐까요? 아무리 목소리 큰 사람이 위협적으로 이야기를 해도 눈 하나 깜짝하지 않고 여유 있게 하고 싶은 말을 다 하고 싶다면, 여러분은 우선 당당한 태도부터 갖춰야 할 것입니다.
1장은 그런 의미에서 워밍업 단계라고 할 수 있습니다. 누구에게도 겁먹지 않고 언제 어디서든 어깨 펴고 말할 수 있는 당당한 태도를 가지려면 어떻게 해야 하는지 이야기해보려 합니다. 이렇게 단단한 사람이 되어야만 인간관계 정리도 가능한 법이니까요.

'나 위주'로 살아도 큰일 나지 않습니다

'들어가는 글'에서 저는 인간관계의 모든 문제를 풀 수는 없지만, 주변 사람들과 부드러운 관계를 유지해나가며 즐거운 인생을 살아가는 데 필요한 단 하나의 비밀이 존재한다고 말씀드렸습니다. 더 뜸 들이지 않고 시원하게 말씀드리면 바로 이것입니다.

'나 중심 선택.'

"에이, 뻔하잖아?"라는 불평이 여기까지 들리는 것 같네요. 그러나 조금만 더 이야기를 들어주세요. 제가 말하는 '나 중심 선택'은 그렇게 간단한 것이 아니니까요.

이는 이기적으로 생각하고 행동하라는 말이 결코 아닙니다. 이기적으로 살아가는 사람은 결국 남에게 피해를 주기 때문에, 누구의 애정이나 도움도 받지 못해 사회적으로 고립되고 외로워질 수밖에 없습니다.

여기서 말하는 '나 중심'이란 나만의 가치관으로 이루어진 단단한 생각 기둥이라고 보시면 좋겠습니다. 다른 말로 '나의 축'이라고 할 수도 있겠네요. 이 생각 기둥을 잘 세워야만, 어떤 사람이 되고 싶은지, 남을 어떻게 대해야 하는지, 앞으로 무엇을 이루고 싶은지가 머릿속에 확실하게 그려집니다. 무엇보다 두 발을 단단히 땅 위에 올려놓고 당당하게 인생길을 걸어갈 수 있지요.

'남 중심 선택'을 하다 보면, 남이 날 어떻게 보는지, 나에게 무엇을 기대하는지 끊임없이 고민하면서 그에 맞춰 살아가게 됩니다. 그러다 보면 어느새 정말 내가 원하는 것이 무엇인지 잊어버리기 일쑤죠.

사실 말은 쉽습니다. 저 역시 나 중심 선택을 하지 못해 숱한 괴로움을 겪었으니까요.

인정받고 싶어서 '나'를 버렸더니

예전에 근무했던 회사에서 저는 초반에 직속 상사와 큰 갈등이 있었습니다. 안하무인으로 유명했던 그 상사는 일도 잘하지 못하면서 제가 하는 일에 일일이 딴죽을 걸어댔고, 퇴근 시간이 가까워질 때쯤 갑자기 회의를 잡기도 하고, 자기 업무를 제게 떠넘기기도 했습니다. 그 상사가 너무 싫었지만, 커리어나 돈을 생각할 때 곧바로 회사를 그만둘 수는 없는 형편이었습니다.

'그래, 내가 부하직원인데 최대한 상사에게 맞춰야지. 내가 아직 신입이니까, 상사 일까지 하게 되면 금세 일을 배울 수 있을 거야.'

저는 되도록 긍정적으로 생각하려고 했습니다. 그러나 상황은 달라지지 않았어요. 제가 고분고분하게 맞춰주면 줄수록 상사의 요구는 눈덩이처럼 불어났습니다. 처음에는 10시간, 그다음에는 12시간, 또다시 16시간… 급기야 하루에 20시간씩 일을 해도 감당할 수 없는 수준으로 업무량이 늘어나고 말았습니다.

너무 힘들었던 저는 상담사로 근무하는 친구를 찾아갔습니다. 제 이야기를 듣고 간단하게 몇 가지 심리 검사를 한 친구는 이렇게 말했습니다.

"우울증 같은데? 그런 상태로 아무한테도 말하지 않고 일하는 건 너를 위해서도 회사를 위해서도 좋지 않아."

더럭 겁이 났습니다. 한때 배우 생활을 했을 만큼 밝고 활동적인 내가 우울증이라니, 믿기지 않았습니다. 저는 그제야 '내가 정말 힘들구나. 지칠 대로 지친 거야' 하고 내 상태를 받아들이게 되었습니다.

그렇지만 어떻게 해야 좋을지 잘 모르겠더군요. 친구나 선배 들에게 조언을 구해봤지만, 다들 자기 성격이나 상황, 경험 중심으로 답변을 해주다 보니, 제가 적용할 만한 것은 거의 없었습니다. 결국 저는 몸이 아프다는 핑계로 회사를 그만둘 수밖에 없었습니다.

한참이 지나, 제 인생을 바꾼 그 수업을 듣고 나서야 그때 내가 무엇이 문제였고 어떻게 했어야 했는지 알 수 있었습니다. 그때 저는 마음속에 나만의 생각 기둥을 전혀 갖고 있지 않았습니다. 사실 '신입사원이니까 당연히 상사가 시키는 건 다 해야 한다'고 핑계를 댔지만, 어쩌면 저는 '상사에게 칭찬을 듣고 싶고, 괜찮은 부하직원이란 평가를 받고 싶다'란 인정 욕망에 휩싸였던 것인지도 모릅니다. 그래서 '나 중심'이 아닌 '남 중심' 선택을 했고, 남에게 나를 맞추어 하나부터 열까지 말하고 행동하다 보니 우울증이 생길 수밖에 없었던 것이죠.

어떻게 해야 내가 행복해지지?

나 중심 선택이란 내가 내 인생의 주연으로 산다는 뜻이고, 남 중심 선택이란 내가 남 인생의 조연으로 산다는 뜻입니다. 부모가 원하는 길을 선택해 살아가는 사람은 '부모가 주인공인 인생 드라마에 등장하는 아역배우'에 지나지 않습니다.

이렇게 말하면 어느 쪽이 맞는지 명확하게 보이지만, 의외로 남 중심 선택에서 벗어나기란 쉬운 일이 아닙니다. 문제는 이 남 중심 선택에서 벗어나야만 차근차근 제대로 인간관계를 정리할 수 있고, 유독 나를 힘들게 하는 사람과의 사이에 적당한 선을 그을 수 있게 된다는 것입니다. 남 중심 선택에서 벗어나는 법, 나 중심 선택을 하는 법에 대해 먼저 배워야 하는 이유가 여기에 있지요.

앞으로 그 방법들을 하나하나 설명하겠지만, 그중 가장 중요하면서도 간단한 팁을 먼저 한 가지 말씀드리겠습니다. 자꾸 내 신경을 긁는 상대가 있을 때, 저는 스스로에게 다음과 같은 질문을 던집니다.

"어떻게 해야 내가 행복해지지?"

그렇습니다. 저는 철저하게 제가 행복할 수 있는 방법을 먼저 고민합니다. 타인에게 피해를 주지 않는 한, 우리 모두에게는 나 자신의 행복을 최우선으로 고려할 권리가 있습니다.

"그 방법이 지속 가능한 행복을 보장할까?"

두 번째로 던지는 질문입니다. 지금 당장 속이 후련해졌으면 좋겠다고 책임지지 못할 말이나 행동을 하는 건 절대 금물입니다. 결국 그 후폭풍은 온전히 내가 감당해야 하는 것이니까요.

이 책을 읽고 다 기억이 나지 않는다면, 이 두 가지 질문만이라도 꼭 기억하시기 바랍니다. 그렇다면 여러분은 인간관계도, 일도 큰 무리 없이 해나갈 수 있을 거라 확신합니다.

머리도 알고 가슴도 따라야 한답니다

나 중심 선택을 하고 내가 원하는 것에 솔직해지면, 좁았던 시야가 넓어집니다. 어떻게 행동해야 내가 만족스러울 수 있을지 스스로 생각하게 되죠. 사실 그것만으로도 많은 문제들을 해결할 수 있답니다.

나 중심 선택에 충실하기 위한 첫걸음은 무엇일까요? 이번에도 정답은 아주 쉽고 간단합니다.

'나 중심 선택' 하기 = '마음'과 '생각' 일치시키기

'마음'은 함께 있고 싶은 사람과 피하고 싶은 사람, 하고 싶은 일과 하기 싫은 일 등 좋고 싫음을 느끼는 것입니다. 논리적으로 따지기 전, 직관적으로 '진심'이라는 답이 도출되는 것이죠. 반면 '생각'은 지금까지 살아오면서 얻은 지식과 경험, 기술들을 토대로 '이런 상황에서는 이렇게 행동하는 편이 좋겠어'라고 논리적으로 결론을 내리는 것입니다. 마음이 왕이라면, 생각은 참모와 같아요.

좋아하는 것과 싫어하는 것을 가려내는 마음, 상황에 따른 이해득실을 따지는 생각이 일치하면, 나 중심 선택에 맞춰 살아갈 수 있습니다.

그러나 늘 그렇듯 문제는 있습니다. 내 마음을 제대로 안다는 것이 당연하고 쉬워 보이지만, 의외로 어렵다는 것입니다.

머리로는 알겠는데, 가슴은 아니라고 할 때

우리는 나이가 들수록 생활 범위가 넓어지고 아는 사람도 많아집니다. 그렇게 가정과 학교, 회사 등에서 여러 사람과 얽히면

서, 우리의 머리는 '이런 사람이 되어야만 해'라고 하는, 남이 나에게 기대하는 모습을 학습하게 됩니다. 즉, 남의 판단 기준이 곧 나의 판단 기준이 되면서, 남 중심 선택에 익숙해지는 것입니다.

물론 주위 사람들이나 사회가 원하는 대로 말하고 행동하면, 그들에게 인정받기도 쉬워질 것입니다. 타인에게 인정받는 일이 많아질수록 우리 자존감도 높아지므로, 이것이 무조건 나쁜 일이라 단정하긴 어렵습니다. 또한, 우리 대부분이 두려워하는 것, 즉 타인과의 마찰을 최대한 피하며 살아갈 수도 있죠.

그러나 이런 남 중심 선택에 중독될수록, 부작용이 점점 크게 드러날 수밖에 없습니다. 나이를 먹어감에 따라 우리 인간은 조금씩 까다로워집니다. 이것은 당연한 일입니다. 차차 많은 것을 배우고 접하며 '취향'이라는 것을 갖게 되기 때문이죠. 어릴 때는 부모님이 사주는 옷을 그냥 별 생각 없이 입고 다니지만, 커갈수록 부모님이 골라주는 옷이 죄다 마음에 들지 않는 것이 대표적입니다.

인간관계도 마찬가지입니다. 누가 봐도 100퍼센트 '진상'이라서 아주 선명하게 선을 그어야 하는 인간도 세상에는 분명 존재합니다. 하지만 그렇게 관계를 끊어야 할 만큼 무지막지한 사람은 집단에 한두 명 있을까 말까 한 정도입니다. 대부분은

'나랑 정말 안 맞는다' 싶은 수준이라서 '가끔만 넘나들 수 있는 점선 정도 그어두면 되겠다' 싶은 사람들입니다. 이는 앞서 말씀드린 것처럼 시간이 지나 내 마음이 조금씩 성장하면서 좋고 싫음이 분명해지기 때문에 생겨나는 현상입니다.

취향이나 호불호가 생긴다는 것은 나의 정신적인 성장을 입증해주는 아주 자연스럽고 소중한 근거입니다. 또한 나란 사람의 개성을 보여주는 지표이기도 합니다.

때문에 여전히 남 중심 선택에서 벗어나지 못한다면, 내 생각과 마음은 혼란에 빠질 수밖에 없고, 이는 결국 나를 옭아매는 습관이 되고 맙니다.

'부모님 말씀을 거역하면 자식 된 도리가 아니지. 다 나 잘되라고 하시는 말씀인데.'

'말이 좀 심해도 참아야지, 별 수 있나. 저 선배는 원래 저런 사람이니까.'

이렇게 생각하다 보니 본인 마음의 목소리를 무시하게 됩니다. 그러다 아예 마음의 목소리를 어떻게 듣는지 잊어버리는 지경에 이릅니다. 상담을 하다 보면 "제 마음을 저도 잘 모르겠어요"라고 하는 사람들이 많은데, 바로 이런 이유에서 그런 거죠. 남의 뜻대로 행동하고 나서, 괴로워하길 반복하게 되는 겁니다. 부모님과 선생님 말만 듣고 도쿄대에 진학한 후 계속해서 방황했던 저도 같은 케이스라 할 수 있습니다.

또 하나, 남 중심 선택을 하다 보면 정말 괴롭거나 짜증이 나거나 심지어 분노가 치밀어오르는 때가 찾아오는데요. 대부분 이런 감정을 그대로 표출하기보다 안으로 삭이며 끙끙 앓는 분들이 많죠. 자칫 부정적인 감정을 그대로 드러냈다가 상대방과 관계가 완전히 틀어지거나 최소한 어색하게 될지도 모른다는 생각을 하기 때문이 아닐까 싶습니다.

그러나 '화난 모습을 남에게 보이지 않으려는 것'과 '화를 내지 않으려는 것'은 엄연히 다릅니다. 전자는 화는 나지만 다른 사람에게 불똥이 튀지 않도록 하겠다는 뜻이고, 후자는 애초 화내는 것을 완전히 금지한다는 뜻입니다. 즉, 마음의 목소리를 무시하는 행동입니다. 이는 장기적으로 우리 마음에 상처를 입히고, 영혼을 갉아먹습니다.

답답함이 사라지지 않아

그렇다면, 마음과 생각이 일치하지 않는다는 것을 어떻게 알 수 있을까요?

'난 이런 점이 모자란가 봐' '저 사람은 저런 점이 별로야' 같은 생각을 한다는 건 문제의 원인을 파악했다는 뜻인데요. 이런 경우에도 여전히 답답함이 풀리지 않는다면, 바로 마음과 생각이 일치하지 않는다는 신호입니다. 남 중심 선택을 하다 보면, 상황에 수긍하기 어렵고 답답함이 사라지지 않습니다.

나 중심 선택은 쉽게 말해 '마음에 있는 스위치'입니다. 마음과 생각이 일치할 때, 마음에서 나온 에너지가 전류처럼 머리로 흘러가고, 이 전류를 받은 머리가 나를 행복으로 이끌 방법을 찾아냅니다. 그러므로 마음의 목소리에 귀를 기울이는 습관을 들여야만 내 감정을 정확히 알 수 있습니다.

마음과 생각이 불협화음을 내는 대표적인 경우는 '연애'입니다. 일심동체라고 느껴지는 관계일수록 상대가 타인이라는 사실을 잊어버릴 때가 많습니다. 지금 생각하면 부끄럽지만, 저는 젊은 시절 연애를 할 때 제 감정을 최대한 상대에게 드러냈습니다. "나를 좋아한다며? 그럼 다 받아줘야지!" 하고 말이죠. 화가 나거나 슬프면 감정을 숨기지 않고 드러냈고, 상대가 사과를 해도 마음이 풀린다기보다 마지못해 물러서는 느낌이었습니다. 길게 봤을 때 사랑하는 사람과 어떤 관계를 쌓고 싶은지 알았다면 다른 태도를 취했겠지만, 그런 생각은 하지 않고 순간적인 감정대로 행동하고 말았죠.

무조건 상대에게 맞추는 연애도 해보긴 했는데, 정말 답답했습니다. 그렇게 맞춰줬음에도 비참하게 실연을 당하고 말았고요.

여러분은 어떠신가요? 누구나 고정관념 때문에 생각이 마음을 꺾어버릴 때도 있고, 생각을 뭉개고 마음이 이길 때도 있습니다. 둘 다 전혀 바람직하지 않다는 걸 이제 아셨을 거예요. 크게 보면 모두 지는 방법이니까요.

그렇다면 마음과 생각을 일치시키는 게 과연 가능한 걸까요?

질문만 잘 던져도
단번에 답을
알 수 있죠

'남의 말만 듣고, 남의 눈만 의식하면서 살 순 없어. 달라져야 해!'

지금까지의 제 이야기를 듣고 이런 마음이 들었다면, 이 책을 쓴 제 목적이 절반 정도는 달성된 셈입니다. 그런 생각을 하게 된 여러분이 대견하고 자랑스럽습니다.

아직까지 잘 갈피가 잡히지 않는 분들도 괜찮습니다. 지금부터 이야기할 내용만 잘 봐두어도 여러분의 인간관계는 물론 인생 전체가 훨씬 행복해질 테니까요.

마음 따로, 생각 따로

마음과 생각이 일치하지 않는 것에는 여러 유형이 있을 수 있지만, 대표적인 유형은 두 가지입니다.

첫 번째는 잘못된 선입견이나 상식에 사로잡혀 마음의 목소리가 들리지 않는 남 중심 선택, 즉 생각이 마음을 가리고 있는 유형입니다. 이 유형은 다음과 같은 특징을 가지고 있습니다.

- **선입견** "반드시 ~해야 해."
- **상식** "~하는 것이 당연해."
- **고정관념** "××은(는) ~이지."
- **과거의 성공 경험에서 생겨난 잘못된 믿음** "이번에도 잘 될 거야."

두 번째는 억지로 무리하는 유형입니다. 언뜻 보기에는 마음과 생각이 일치하고 내키는 대로 하는 것 같지만, 실제로는 그렇지 않은 거죠. 나쁘지 않다고 생각했던 인간관계가 점점 불편해지고 힘들다면 무리하고 있다는 증거입니다. 이 유형의 특징은 다음과 같습니다.

- 내 힘으로 통제할 수 없는 것을 통제하려고 한다.
- 나답게 계속해나가는 방법을 모른다.

여러분은 이 두 가지 유형 중에 어디에 속하나요? 아마도 "두 가지 유형 모두에 속하는 것 같아요"라고 하는 분들이 가장 많지 않을까 합니다. 이 유형들이 가지고 있는 특성을 버리는 것이 우리가 해야 할 첫 번째 일입니다. 그것만으로도 마음과 생각이 자연스럽게 일치해 얼마든지 앞으로 나아갈 수 있으니까요.

자존감을 좌우하는 질문의 힘

"마음과 생각이 일치하지 않는 유형들의 특성을 버리라고요? 그게 버리라고 바로 버릴 수 있는 일인가요?"

불만 가득한 표정으로 이런 이야기를 하고 계신 여러분이 상상되네요. 제 대답은 언제나 그렇듯 "당연하죠!"입니다.

여기에도 방법이 있습니다. 가장 쉬운 것은 다음과 같은 질문을 스스로에게 던지고 대답해보는 것입니다. 아무리 해도 잘 떠오르지 않을 때는 종이에 찬찬히 답변을 적어보는 것도 좋습니다. 이는 스스로 생각하는 습관을 들이기 위해서입니다.

"사실은 어떻게 하고 싶은 거지? 그러기 위해 무엇을 할 수 있을까?"

우리 뇌는 질문을 받으면 어떻게 해서든 답을 찾으려고 합니다. 자문자답도 마찬가지입니다. "내가 뭘 잘못했지?" 하고 자문하면, 잘못한 점만 계속 떠올라 자신감을 잃게 됩니다. 반대로 "어떻게 하면 좋을까?" 하고 질문하면 한두 가지라도 실천 방법이 떠오르고, 해봐야겠다는 의욕이 생깁니다. 이처럼 우리 삶은 어떤 질문을 던지느냐에 따라 달라집니다.

저도 남 중심 선택을 하며 살 때는 스스로에게 "나에게 어떤 점이 모자라서, 이렇게 관계가 엉망인 거지?"라는 질문을 자주 했습니다. 나중에는 말도 안 되는 제 단점들이 줄줄이 떠오르더군요.

'영어를 원어민만큼 못 해서 상사에게 무시당하는 걸까.'
'요리를 못 해서 남자친구가 나를 구박하나.'

'리더십이 약해서 후배들이 나를 안 따르나.'

마치 두더쥐 잡기 게임처럼, 하나를 극복해도 지적할 점이 끝도 없이 튀어나왔어요. 자존감이 바닥을 친 것은 물론이었죠. 이런 방법은 정신 건강을 위해서도 결코 좋지 않습니다. 게다가 이런 습관이 몸에 배면, 나도 모르게 타인에게도 같은 질문을 던지게 됩니다. 자신을 몰아세우는 사람은 다른 사람도 몰아세우게 마련이죠.

어떻게 됐으면 좋겠어?

저는 제 강의에서 마음과 생각을 일치시키기 위한 질문 연습을 실제로 해보곤 합니다.

한번은, 무슨 말을 할 때마다 자신의 외모를 지적하며 은근히 자신을 깎아뭉개는 친구 때문에 너무 속이 상한다는 대학생이 제 강의를 들었습니다. 그는 그런 얘기를 들었을 때 자기가 발끈하면 그 친구가 "뭐 그런 걸 가지고 그래?" 하며 자기를 찌질한 놈 취급할 거라고 걱정했습니다. 게다가 본인들 둘이 속해 있는 스터디 그룹 분위기를 흐릴지 모른다는 점도 마음에 걸린다고 했지요.

그의 자문자답은 다음과 같이 이어졌습니다.

"사실은 어떻게 하고 싶은 거지?"

"그 녀석도 나랑 똑같이 당했으면 좋겠어."

"아니, 그건 너와 관련된 이야기가 아니잖아. 네가 어떻게 하고 싶은지 말해봐."

"내가 그런 문제로 전전긍긍했던 걸 들키고 싶진 않아. 그냥 존중받고 싶어."

"그러려면 어떻게 해야 할까?"

"글쎄, 잘 모르겠어."

여기까지 왔을 때는 제가 어쩔 수 없이 개입할 수밖에 없었습니다.

"그럼 어떻게 해야 당신이 더 편해질까요?"

"당분간은 스터디 그룹에 계속 나가야 해서 얼굴을 보긴 해야 해요. 그렇지만 가능하면 안 보고 지내야 편할 것 같네요."

"스터디 그룹을 새로 구하는 데 따른 귀찮음과 불편함, 나를 무시하는 그 녀석 때문에 느끼는 괴로움 중에 뭐가 더 큰가요?"

"아무래도 그 녀석 때문에 느끼는 괴로움?"

"그럼 답 나왔네요."

결국 그는 새 스터디 그룹을 구하기로 마음을 정했습니다. 그렇게 제대로 선을 긋고 나니 마음이 훨씬 편해지고 자존감이 높아졌다고 했죠.

 물론 모든 자문자답의 결과가 선명한 선 긋기로 이어지진 않아요. 그저 자기 자신을 바꾸는 것으로 관계의 변화를 꾀하려는 분들도 매우 많습니다.

 중요한 것은 자신과 편하게 마주할 수 있는 환경에서 내 마음의 목소리에 집중하는 것입니다. 여러분들도 "어떻게 됐으면 좋겠어?" "어떤 게 내 마음이 편해지는 길이야?" 같은 질문을 계속해서 던져보길 바랍니다.

 더 읽어보기

나에게도 남에게도
조금 더 너그럽게

"내가 뭘 잘못했지?" 하고 결점을 찾는 것은 원인론, "어떻게 하면 좋을까?" 하고 다음에 할 일을 생각하는 것은 목적론에 따른 행동입니다. 남 중심 선택은 원인론, 나 중심 선택은 목적론과 관련이 깊습니다.

1장을 읽은 분들은 단숨에 알아채셨을 테지만, 저는 마음과 생각을 일치시키기 위해서라도 목적론에 따라 살아야 한다고 생각합니다. 상대 혹은 자신의 단점이나 잘못을 꼬집는 원인론에 따르면, 인간관계 문제가 잘 풀리지 않습니다. 그보다는 장차 어떻게 해야 할지를 중요하게 여기는 목적론에 따라 '이렇게 하면 되겠구나!' 하고 생각해야 문제를 순조롭게 풀어나갈 수 있습니다.

일이 마음먹은 대로 되지 않으면, 자책하는 분들 많죠? 그것도 모자라, 모든 일이 술술 풀려도 '나 같은 게 뭐 별거라고' 하고 생각하는 분들도 있습니다. 그러면 마음이 움츠러듭니다. 마음의 목소리를 잘 듣고 생각을 유연하게 움직이려면, 일이 술술 풀리든 그렇지 않든 우선 나를 수용하는 태도가 가장 중요합니다.

'누군가를 싫어하는 나라도 괜찮아.'
'의욕 없는 나라도 괜찮아.'

이렇게 생각하면 마음이 편해집니다. 무엇보다 남을 대할 때도 '그래도 괜찮아'라는 마음가짐을 갖고 있으므로 너그러운 태도를 취하게 되죠. '난 괜찮아'가 '너도 괜찮아'로 이어지는 것입니다. 그렇게 나와 타인 모두를 포용하다 보면, 사람을 사귀기도 인생을 살아가기도 훨씬 수월해집니다.

살짝 한발 더 나아가볼까요? '그건 알겠는데, 난 못 하겠어' 하며 지레 겁먹고 미리 포기하는 행동 또한 습관입니다. 그럴수록 '한번 해보자!' 하고 정반대로 생각하는 습관을 들여보세요. 인간관계 문제는 물론 그 어떤 문제라도 충분히 극복할 수 있습니다.

아닐 것 같다고요? 절대 아닙니다. 제가 그랬고 저와 함께 노력한 많은 분들이 그렇게 자기 문제를 해결했습니다.

다음 장부터는 여러분이 실제 생활에서 마주치는 인간관계 문제를 유형별로 살펴보며, 이를 극복하기 위한 도구들과 이것의 구체적인 적용 방법에 대해 이야기해보겠습니다.

2
가족·연인관계
조금 멀리 선을 그어도 괜찮아

인간관계 중에서도 가족이나 연인처럼 아주 가까운 사람과의 관계는 다른 관계보다 섬세하고 복잡합니다.

어디에다 선을 그어야 할지, 아니 선을 긋는 게 맞는지 감을 잡기도 어렵습니다. 그러다 너무 거리가 가까워지면 답답해서 좀 내버려두길 바라게 되고, 너무 멀어지면 '왜 나한테 관심이 없지?' 하고 서운함을 느끼기도 합니다. 당연히 알 거라 믿었던 사실을 상대가 모르면, 화가 나거나 슬프기도 하고요.

의기양양한 얼굴로 '넌 내 손바닥 위에 있어'라는 식의 태도를 보이면, '알긴 뭘 알아!' 하고 부아가 치밉니다. 사소한 일로 크게 싸우기도 하죠. 무엇보다 진짜 하고 싶은 말을 하지 못하게 될 때도 있습니다.

이처럼 가족·연인관계는 심리적으로나 물리적으로 가까운 데다 오래 이어나가야 하는 관계이기 때문에 더 조심조심 다루어야 합니다. 이번 장에서는 소중한 만큼 까다로운 이 관계가 지금보다 편해지기 위한 힌트를 알려드리겠습니다.

사사건건 참견하는 부모님이 너무 피곤해요

엄마가 저 하는 일에 하나하나 다 참견하세요. 어릴 때부터 무슨 일이든 그냥 넘기질 못하셨어요. 다 저 잘 되라고 하시는 말이니까 내가 참아야지 하면서 계속 넘겨왔는데, 별거 아닌 거라도 날마다 쌓이니 정말 마음이 무거워요. 너무 피곤합니다. 이제 엄마의 간섭에서 벗어나, 저도 제가 하고 싶은 대로 자유롭게 살고 싶어요.

완벽한 엄마의 우아한 유도법

A의 어머니는 미인에다 소위 말하는 '현모양처'로, 배려심이 넘치고 사람들과도 잘 어울립니다. 그래서 A는 "저런 어머니가 있다니 부럽다"는 말을 자주 듣죠. 물론 A도 그런 어머니를 자랑스럽게 여깁니다.

"너는 너보다 나이가 더 많은 사람하고 어울리는 편이 좋을 것 같구나."

"그렇게 하늘하늘한 옷보다는 이게 차분하고 품위 있어 보일 것 같은데."

"상위권 대학에 들어가면 진로를 결정할 때 선택지가 많아져서 좋을 거야."

"그렇게 아무도 알아주지 않는 작은 회사보다 대기업에 들어가면 더 뻗어나갈 수 있지."

결코 "이렇게 해!"라고 과격하게 말하지는 않았지만, 어머니는 A의 삶을 아주 어린 시절부터 성인이 된 지금까지 완전하게 통제하고 있었습니다. A는 자랑스러운 어머니의 말에 영향을 받아 매번 어머니가 좋다고 한 길만을 선택해온 것입니다.

그런 A가 '이건 아닌데' 하고 생각하게 된 것은 예전에 사귀던 남자친구가 회사를 차린다고 어머니에게 말했을 때였습니다. 그때까지 남자친구를 좋은 사람이라고 칭찬하던 어머니가 "이제 너랑은 안 어울리겠네" 하고 말한 것이죠. A는 "그 사람은 변하지 않아!" 하고 반발했지만, 점점 어머니가 한 그 말을 의식하게 되었습니다.

어머니와 그런 대화를 나눈 이후로 A와 남자친구의 관계는 미묘하게 어긋나기 시작했고, 결국 얼마 지나지 않아 둘은 헤어지고 말았습니다. 그 후 그녀에게는 좀처럼 좋은 사람이 나타나지 않았습니다.

마침내 A는 이별을 후회하게 됐습니다. 스스로 결정한 일이니 어쩔 수 없다고 생각하면서도 '엄마가 그런 말만 안 했어도……' 하는 원망스러운 마음이 들었죠. 그러자 "~하는 게 좋을 것 같아"라고 하는 어머니의 말투가 신경에 거슬리기 시작했고, 어머니를 마주할 때마다 마음이 편치 않았습니다.

말을 하고 안 하고는 하늘과 땅 차이

물론 사람의 성격이 근본적으로 바뀌긴 힘듭니다. 특히나 나이 든 분들의 성격이 바뀌는 일은 거의 불가능하다고 봐야 하죠. 그분들의 생각이나 의견을 반박하는 것도 여간 힘든 일이 아님니다. 당연합니다. 평생 동안 그 모습 그대로 살아오신 분들에게 "당신이 틀렸어요"라고 하는 건, 그분들 스스로 자기 인생을 통째로 부정하라고 하는 것과 다름없으니까요.

때문에 '엄마, 아빠는 너무 보수적이야. 요즘이 어떤 세상인데' 같은 판단하는 마음을 가지고 접근하면 부모님과 나 모두 상처받기 십상입니다. 그렇다고 계속해서 참기만 하는 것도 당연히 옳지 않죠. 그랬다간 가슴속에 쌓인 부모에 대한 원망이 나를 병들게 하고, 결국 언젠가 크게 터져 부모와 나 사이를 되돌릴 수 없는 관계로 만들지도 모릅니다.

저는 A에게도 이런 이야기를 들려주었습니다. A는 어머니와 완전히 선을 긋고 싶진 않다고 했습니다. 그녀는 어머니를 세상 누구보다 사랑하지만, 이제 어머니의 간섭으로부터 벗어나 스스로 사고하고 결정을 내리는 진짜 '어른'이 되고 싶을 뿐이라고 말했습니다.

"엄마가 싫은 건 아니에요. 그냥 저는 엄마가 저를 통제하려고만 하지 않았으면 좋겠어요. 친구 같은 엄마 있잖아요. 고민이 있을 때는 가볍게 조언 정도 해주고, 힘든 일이 있을 때는 위로도 해주고……. 내가 어떤 결정을 내리든 지지해주는 그런 엄마면 충분하거든요."

이야기를 하던 A는 점점 목소리가 높아지더니, 어느 순간부터 울기 시작했습니다.

"엄마가 제 일에 참견하는 게 이제 지긋지긋해요. 엄마가 그런 말만 안 했어도 남자친구와 헤어지지 않았을 거예요."

저는 A의 울음이 잦아들기를 기다렸습니다. 그리고 부드럽게 물었습니다.

"어머니한테 그런 말을 해본 적 있어요?"

"아니요."

"도저히 못할 것 같아요?"

"네. 엄마 앞에서는 입이 안 떨어질 것 같아요."

A는 어머니에게 반항 한 번 해본 적 없는 착한 딸이었습니다. 그런 그녀가 어머니에게 무언가를 강력하게 이야기하기는 어려웠을 겁니다.

"그럼 편지를 써보는 건 어때요?"

"그렇게 한다고 뭐 달라지는 게 있을까요? 아까 선생님께서 나이든 부모님을 바꾸는 건 절대 불가능하다고 했잖아요."

"맞아요. 편지 한 장 읽는다고 어머니께서 달라지진 않을 거예요. 하지만 어머니는 지금 딸이 어떤 마음인지 그동안 전혀 몰랐을 거 아니에요. 어머니가 어떤 반응을 보일지 지레짐작할 필요 없어요."

"……"

"설령 어머니가 바로 달라지진 않더라도, 최소한 딸이 어떤 마음인지 알았으니 앞으로는 무슨 말을 하든 의식하게 될 거예요. '이 말이 애한테 짐이 되진 않을까' 하고 생각하게 된다는 거죠."

"정말 그럴까요?"

"대부분은 그래요. 만약 어머니가 달라지지 않는다 해도, 당신이 평생 마음속에 쌓아왔던 엄마에 대한 원망은 좀 풀리지 않을까요? 하고 싶은 말을 한다는 것만으로, 기분이 훨씬 가벼워질 거예요. 이건 제가 장담할 수 있어요."

그녀는 잠시 망설이더니, 이내 결심했다는 듯 말했습니다.

"한번 해볼게요. 편지는 써볼 수 있을 것 같아요."

"자, 지금은 편지를 쓰면 어떻게 될 것 같아요?"

"엄마가 제 마음을 조금이라도 헤아려줘서 참견하는 횟수가 줄어들지 모르죠."

성숙한 딸, 성숙한 엄마의 결말

A는 저에게 했던 이야기를 차분히 되새긴 다음, 진심을 담아 어머니에게 편지를 썼습니다. 편지를 쓰고 나서도 보낼까 말까

를 한참 동안 고민했죠.

며칠 후, 그녀가 제게 이메일을 보내왔습니다.

"선생님, 안녕하세요.

말씀드렸던 것처럼 엄마에게 편지를 써서 보냈어요.

엄마는 처음에 편지를 받고 많이 충격을 받으신 모양이에요. 한동안 저를 피하시는 것 같더니, 오늘 드디어 저를 불러 이야기를 하자고 하시더라고요.

본인은 나를 위한 일이라고 생각해 그런 거였는데, 제가 그렇게 힘들어했는지 몰랐다고 하시면서 사과를 하셨어요. 앞으로는 조심하겠다고도 하셨고요.

선생님 말씀처럼 엄마가 쉽게 바뀌진 않을 거란 거, 저도 잘 알아요. 그런데 참 신기한 게, 엄마에게 편지를 쓰면서 제 생각을 정리하다 보니 어느새 마음이 많이 풀린 걸 알게 됐어요. 그리고 남자친구와 헤어진 게 꼭 엄마 때문은 아니라는 생각도 들었고요. 어쩌면 저는 문제의 원인을 엄마에게 돌리고 싶었던 건지도 모르겠어요."

그녀는 처음에 어머니와의 사이에 뚜렷하게 선을 긋고 싶다고 했지만, 사실 둘 사이의 문제를 해결하려면 자기 자신부터 바로 서야 한다는 것을 깨달을 만큼 아주 똑똑한 사람이었습니다. 어쩌면 그동안 이렇게 똑똑한 그녀가 온전히 사고하고 성장해나가는 데, 역시나 똑똑한 어머니가 약간의 방해물이 되었을지도 모르겠단 생각이 들었습니다. 이 두 사람은 이제 상황에 대한 인지가 확실히 되었으니, 분명 둘 사이에 적절한 선을 긋고 지혜롭게 관계를 유지해나갈 것입니다.

당장 굵은 선을 그어야 할 때

사실 이 정도만 되어도 아주 준수하게 문제가 해결된 편에 속합니다. A나 A의 어머니는 그래도 인격적으로 성숙한 분들이라고 할 수 있습니다. 자기 자신의 문제에 대해 인정하고 고쳐나가려는 결심을 한 것만 봐도 그렇죠.

세상에는 이보다 심각한 부모들이 허다합니다. 입에 욕을 달고 살며 폭력을 휘두르는 부모, 낭비벽과 허영심이 심한 부모, 자녀를 돈 벌어오는 기계쯤으로 여기는 부모 등 듣기만 해도 분노가 치미는 '부모 자격 없는' 이들도 분명 존재합니다.

그런 부모를 두고 있다면, 당장 뚜렷하게 선을 그어야 합니다. 집을 나와서 독립해야만 하죠. 핏줄이라고 해서 그 관계를 평생 책임져야 한다고 생각하지 마세요. 나를 기만하고, 정신을 병들게 하는 관계라면, 일단 끊어야 합니다. 그 관계를 이어갈지 말지는 시간을 두고 천천히 생각해봐도 늦지 않습니다.

잊지 마세요. 관계의 중심은 바로 '나'입니다.

선 긋기의 기술

▶ 마음과 생각 일치시키기

마음 "짜증나고 거슬려. 날마다 마음이 무거워."
생각 "잘 되라고 하시는 말씀이니까, 내가 참아야지."

'다 잘 되라고 그러시는 거니까' 하고 생각하며 억지로 수긍하려 애쓰고 있지만, 여의치 않아 보입니다. 이럴 때는 조금 더 마음의 목소리에 귀를 기울일 필요가 있겠네요.

▶ 나에게 던지는 질문

"엄마/아빠에게 진짜 하고 싶은 말이 뭐야?
그 말을 전할 방법은?"

— 부모와의 사이에는 기본적으로 점선을 긋는다고 생각해보세요. 서로가 서로에게 영향을 받을 수밖에 없는 사이이다 보니 무 자르듯 할 수

는 없기 때문이죠. 하지만 최소한의 선이라도 그어놔야지, 그러지 않았다간 평생 스트레스에 시달릴 수 있어요.

— 지금까지의 부모·자식 사이를 리셋하고 싶다면, 용기를 내어 부모님께 진심을 전해보세요. 대화도 좋고 편지도 좋아요. 사람이 쉽사리 바뀌긴 어렵지만, 여러분이 생각했던 것보다 그분들은 진지하게 고민하고 달라지기 위해 노력할 거예요. 그간 왜 이렇게 고민하며 끙끙 앓았나 싶을 정도로요(저는 실제로 이런 모습을 많이 목격했어요).

— 부모로서의 기본적인 책임의식이나 역할 없이, 오로지 나를 갉아먹는 부모들도 존재해요. 이런 부모를 두고 있다면, 과감하게 굵은 선을 긋고 물리적·정신적으로 완전히 독립하세요.

사랑을 못 받고 자라서 그런지 자존감이 낮아요

쾌활하고 감정 표현이 풍부한 동생에 비해 저는 말수도 적고 종종 차가워 보인다는 이야기를 들어요. 애교가 별로 없어서 그런지, 부모님에게 사랑받은 기억이 거의 없어요. 동생은 뭘 해도 예뻐하면서, 전 아무리 노력해도 1등을 할 때가 아니면 인정해주지 않았습니다. 그래서인지 자존감이 낮고, 뭘 해도 자신이 없어요.

진짜 감정에 접근해보자

B는 객관적으로 보면 자존감이 낮다는 말이 믿기지 않을 정도로 소위 말하는 '잘난' 사람입니다. 그는 업무 능력이 뛰어나 회사에서도 동기들보다 빨리 승진을 했고, 여가 시간에는 마라톤을 취미로 즐기는 등 인생을 알차게 보내고 있습니다. 하지만 정작 본인은 이렇게 말합니다.

"자신감이 없으니까 죽어라 공부하고 준비해서 허점이 생기지 않게 일하고 있습니다. 마라톤을 하는 이유도 재미 때문만은 아닙니다. 그런 고통을 이겨내는 훈련이 필요하기 때문이죠. 그리고 다른 사람에 비하면 아직 부족해요."

B는 '무엇을 해도 자존감 낮은 상태로는 계속 살 수 없다'는 생각에 저를 찾아왔다고 했습니다. 저는 그의 이 낮은 자존감이 대체 어디서 연유한 것인지 알아내기 위해 그와 많은 대화를 나누었습니다. 그러던 중 그의 어머니에 대한 이야기가 나왔습니다.

"아버지, 어머니는 언제나 여동생만 사랑하셨어요. 어릴 적에는 제가 입양아가 아닐까 생각할 만큼 차별을 심하게 느꼈어요. 동생보다 공부도 훨씬 잘하고 운동도 잘했는데, 제대로 칭찬받은 기억이 없으니까요. 지금도 두 분이 왜 그렇게 차별을 했는지 모르겠어요. 내가 뭘 잘못한 거냐고, 그 이유를 묻고 싶을 지경이에요."

담담하게 이야기를 이어가던 그는 이때부터 감정을 주체하지 못하고 눈물을 흘리기 시작했습니다. 대부분의 내담자들이 그렇습니다. 아무렇지 않은 듯 이야기를 하다가도, 문제의 핵심에 다가가면 감정을 전면에 드러내죠. 바로 이때 문제 해결의 열쇠가 어렴풋이 드러나게 마련입니다.

"열다섯 살 때쯤인가. 마라톤 대회에 나간 적이 있어요. 처음 나간 대회에서 3등을 해서 기분이 너무나 좋았는데, 집에 가서 아버지한테 이야기를 했더니 첫마디가 '아, 그럼 1등이 아니잖아?'였어요. 어머니는 옆에서 '그러네'라고 무미건조하게 한마디 덧붙이셨죠. 그게 다였어요."

그는 점점 슬픔이 고조되는 듯했습니다.

"그때 아버지가 어떤 말을 하셨다면 좋았을까요?"

"저는 단지 '축하해. 첫 출전에 3등이라니, 정말 대단하네!' 그 말이 듣고 싶었을 뿐이에요. 그게 그렇게 어려운 말은 아니잖아요."

역시 그랬어요. 그는 자신감 부족을 해결하고 싶다고 했지만, 정작 '부모에게 사랑과 인정을 받고 싶다'는 마음이 우선이었던 겁니다.

나 스스로 내게 '좋은 부모' 되어주기

아이에게 부모란 생사를 쥐고 있는 존재입니다. 어릴 때는 이 세상 전부라 해도 과언이 아니죠. 그래서 부모가 무심결에 한 말에도 아이는 상처를 받습니다. 가령 아이가 부엌에서 요리하는 엄마의 뒷모습을 보고 "엄마!" 하며 장난스럽게 매달렸는데, 엄마가 "위험하게 뭐하는 거야!" 하면서 뿌리쳤다고 합시다. 엄마는 아이를 보호하려고 한 행동이지만, 아이는 "내가 착하게 굴지 않아서 엄마가 좋아하지 않는 거야" 하고 오해할 수도 있습니다.

부모가 무조건 모든 말과 행동을 조심해야 한다는 뜻은 아닙니다. 다만, 누구나 부모와의 관계에서 많든 적든 상처를 받게 마련이라는 것, 이것이 결코 이상한 일은 아니라는 것만큼은 아셨으면 합니다. B가 어머니에게 사랑과 인정을 받고 싶어 하는 것도 충분히 있을 수 있는 일입니다. 너무 힘들고 괴로우면 그처럼 상담을 받아야겠지만, 그 정도까지는 아니라면 '이상한 거 아니야. 남들도 그래' 하고 생각해보세요. 마음이 조금은 편해집니다.

B의 경우에는 어린 시절 부모에게 받은 상처가 워낙 컸고, 이를 털어내기 위해 부모의 변화를 기대하기 어렵다고 보았습

니다. 코칭에서는 내 소통 방식을 바꾸면, 상대방의 태도 또한 달라진다는 자세로 문제에 접근하기 때문에, 보통 "그럼 앞으로 어떻게 하면 좋을까요?" 하고 묻지요. 하지만 B는 자기 내면의 상처를 먼저 치유하지 않는 이상, 문제를 해결하기 어려운 상태였어요.

이럴 때는 아주 오랫동안 어머니에게 느꼈던 슬픔과 분노를 토해내고, 어머니에게 계속 무언가를 기대하는 것에서 벗어나 '누가 인정해주지 않아도 난 충분히 가치 있는 사람'이란 점을 스스로 깨우치는 게 중요합니다. 저는 B에게 이런 이야기를 해주었습니다.

"이야기를 듣고 보니, 당신의 진짜 과제는 자존감을 높이는 것이 아니라, 부모님에게 사랑과 인정을 받고 싶은 마음을 건강하게 해결하는 것으로 보이네요."

그는 천천히 고개를 끄덕이며 말했습니다.

"제 이야기를 하다 보니, 그런 것 같아요. 이 사실을 깨달은 것만으로도 조금 더 상황이 명확히 보이네요. 제가 성숙해진 것도 같고요."

그는 희미하게 웃었습니다. 과제를 명확히 하면 한걸음 더 앞으로 나아갈 수 있다는 사실을 깨달은 것 같았습니다.

"성인이 된 지금, 부모에게 '예전에 받지 못한 사랑을 지금이

라도 주세요'라고 할 수는 없는 노릇이에요. 부모님은 우리의 통제 영역 밖에 있으니까요. 지금은 당신이 당신 자신에게 '좋은 부모'가 되어주는 게 중요해요."

"내가 나에게 좋은 부모가 되어주어야 한다고요?"

"네, 나는 나를 배신하지 않으니까요. 부모에게 인정과 사랑을 받지 못했다면 내가 나를 인정해주고 사랑해주면 돼요. 그것만으로 자존감 문제는 많이 해결될 겁니다."

그는 그 말을 듣자마자 펑펑 울기 시작했습니다.

"그냥 이상하게 그 말씀만으로 많은 위안이 돼요. 신기하네요."

하루 5분, 나를 칭찬하는 시간

자존감을 형성하는 가장 대표적인 요소가 바로 '자기효능감'입니다. 자기효능감이란 나 자신이 쓸모 있는 존재라는 느낌을 말하는데요. 이는 대체로 타인의 '인정'을 통해 많이 형성되게 마련입니다.

어린 시절 부모로부터 인정을 잘 받지 못한 아이라 해도 커가면서 친구나 회사 상사 등으로부터 많은 칭찬을 받게 되면,

자기효능감이 높아집니다. 그러나 B는 단순히 부모의 인정을 획득하지 못한 것뿐만이 아니라 동생과의 차별까지 함께 겪으면서 도저히 회복하기 힘든 수준의 상처를 입은 것으로 보입니다. 이럴 경우 성인이 되어 능력을 인정받아도 어딘가 부족하다는 느낌이 들어 강박적으로 완벽에 집착하는 등 일상생활에 어려움을 겪게 됩니다.

저는 B에게 '나 스스로 나에게 좋은 부모가 되어주어야 한다'고 주문한 후, 구체적으로 '하루 5분 칭찬 일기'를 써보라고 조언해주었습니다.

방법은 간단합니다. 먼저 밑줄이 그어진 작은 노트를 하나 준비하세요. 페이지 맨 위에 날짜를 적고, 그날 내가 했던 '칭찬받아 마땅한 일들'을 곰곰이 생각해본 후 총 5개 적습니다. '이런 것까지 써야 하나?' 싶을 만큼 아주 작고 사소한 거라 해도 상관없어요.

예시

1. 아침에 전철을 타고 오며 임산부에게 자리를 양보했다.
2. 김 대리가 지나가다가 연필을 떨어뜨렸는데 주워주었다.
3. 지난 주 읽기 시작한 어려운 소설을 끝까지 다 읽었다.
……

처음에는 아무리 생각해도 칭찬받을 만한 행동이 떠오르지 않아 난감할지 모릅니다. 그래도 반드시 다섯 가지를 다 채워야 합니다.

다 썼으면 남은 시간 동안 내가 했던 그 행동들에 대해 머릿속에서 곱씹어봅니다. 그리고 내가 오늘 하루 동안 얼마나 고생했는지, 얼마나 애썼는지 생각하고 격려해줍니다.

칭찬 일기를 쓰다 보면, '내가 의외로 꽤 괜찮은 인간이었구나' 하는 생각이 들면서 자기 자신에 대해 많은 애정을 갖게 됩니다. 그 과정에서 당연히 자기효능감도 쑥쑥 올라가겠죠.

게다가 나중에는 '오늘 칭찬 일기에 쓰려면 이렇게 해야 하지 않을까?' 하고 생각하면서, 일부러라도 남을 돕는 등 선한 행동을 하게 되는데요. 이런 행동이 많아질수록 주변 사람들은 나를 좋은 사람으로 느끼게 될 것입니다. 그들의 입에서 내 칭찬이 나오는 순간 내 자기효능감은 쑥쑥 올라갈 것이고, 이에 힘입어 나는 더 선한 행동을 하려 할 것입니다. 결과적으로, 내 자존감과 선한 행동 사이에 건강한 선순환이 이루어지게 됩니다.

선 긋기의 기술

▶ 마음과 생각 일치시키기

마음 "나도 동생처럼 사랑받고, 칭찬받고 싶어. 하지만 엄마, 아빠에게 나 같은 건 안중에도 없겠지."
생각 "자신감이 없어서 해결 방법을 찾고 싶어."

생각은 해결 방법을 찾고 싶다고 말하는데, 대체 무엇의 해결 방법을 찾고 싶은 걸까요? 정말 '자신감 부족'일까요? 아니면 마음이 말하는 '사랑과 칭찬을 받는 방법'일까요? 좀 더 나의 본심을 들여다볼 필요가 있겠네요.

▶ 나에게 던지는 질문

"어린 시절, 부모님에게 들었던 상처받았던 말은?
그때 어떤 말을 들었다면 좋았을까?"

— 자신에게 왜 자존감이 부족한 것 같은지, 머릿속에 떠오르는 내용을 모두 종이에 적어보세요. 무거운 것부터 가벼운 것까지, 중복되는 것도 괜찮습니다. 한 페이지를 가득 채우도록 썼다면, 이제 멈추고 그 종이를 들여다보세요. 무언가 느껴지는 것이 있나요?

— 자존감 부족 문제의 근본을 따라가다 보면 필연적으로 부모가 등장하게 마련입니다. 이럴 경우 부모에게 내가 받고 싶었던 대우나 듣고 싶었던 이야기가 무엇인지 떠올려보세요. 그리고 그것을 내가 나 자신을 위해 직접 해준다고 생각해보세요.

— 부모에게 받은 상처를 부모가 치유해주기 어렵다면 나 스스로 치유해야 합니다. 이런 치유가 선행된 후, 홀가분한 마음으로 부모와의 관계를 재설정해보세요. 부모라도 내게 상처 줄 자격을 갖고 있진 않습니다. 계속해서 내게 상처를 주는 부모와는 한 발짝 떨어져보세요. 그 사이에 명확하게 선을 긋고, 그들과 나의 삶을 분리해 별개의 것으로 생각하는 연습을 계속하셔야 합니다.

내게 무관심한
이 사람과 계속
함께해도 될까요

남자친구와 이대로 계속 만나도 될지 고민이에요. 사귄 지 오래됐는데 결혼하자는 말이 없어요. 저도 물어볼 용기가 없고, 요즘에는 그 사람이 미덥지 않게 보입니다. 이제 나이도 찼고요. 계속 만나봐야 행복한 결혼으로 이어지지 않을 거라면 빨리 헤어지는 편이 낫겠지, 하면서도 아직 그 사람이 좋아서 쉽사리 결정을 내리기 힘드네요.

결혼한 저도 마찬가지입니다. 정말 사랑해서 결혼했는데, 아기가 생긴 이

> 후로는 관계가 예전같지 않아요. 아내는 오로지 아이한테만 신경을 써요. 제가 무슨 말만 하면 짜증을 냅니다. 집에 가면 더 외로워요. 내가 돈 벌어오는 기계인가 싶기도 하고, 차라리 혼자 살고 싶습니다.

불안한 생각은 꼬리에 꼬리를 물고

제 강연에서 만난 C와 D는 각각 남자친구, 아내와의 관계 때문에 괴롭다고 했습니다. 처지는 달랐지만, 그분들은 서로의 이야기에 크게 공감하는 눈치였죠.

C는 8년간 만나온 남자친구와 슬슬 결혼했으면 한다고 했습니다.

"주위 친구들이 모두 결혼하기도 했고, 이제 8년 정도 사귀었으면 결혼할 때도 되지 않았나 하는 생각도 들어요. 그런데 남자친구는 제가 '우리 결혼식 땐 정말 친한 사람만 부르자' 하고 속마음을 은근슬쩍 내비쳐도, 건성으로 대답하며 화제를 바꾸기 일쑤예요. 초조하긴 한데, '아직 결혼에 대해 진지하게 생각하지 않는구나' 싶어 더 이상 파고들진 않고 있어요."

C는 잠시 머뭇거리다 살짝 목소리를 높이기 시작했습니다.

"갓 사귀기 시작했을 때는 정말 내 말이라면 뭐든 들어줬어요. 자상하고 멋진 남자였죠. 그런데 지금은 이것저것 떠맡기는 모습이, 뭐랄까. 너무 얄미워요. 같이 볼 영화를 고를 때도 매번 '나는 잘 모르니까 알아서 해'라고 해요. 아니, 자기 생각은 없나요? 하다못해 친구에게 물어보거나 인터넷으로 검색해 볼 수도 있는 거잖아요."

"그래서 당신은 남자친구와 어떻게 하고 싶나요? 헤어지고 싶은 건가요?"

"모르겠어요. 그런데 계속 사귀다가 결국 나이는 나이대로 먹고, 나중에 남자친구와 헤어지는 건 아닌가 하는 생각도 들어요. 그때 과연 나이든 제가 다른 사람을 만날 수 있을지도 걱정되고요. 그냥 이 남자랑 결혼해야 하나 싶어요."

C의 말을 듣고 무언가 이야기를 꺼내려는 순간, D가 말을 이어갔습니다.

"결혼했다고 다 좋은 건 아니에요. 우리 부부는 정말 서로를 끔찍이 아끼며 사랑했어요. 결혼하고 나서 몇 년 안에 이혼하네, 부부 상담을 받네, 하는 주변 친구들 이야기가 너무 이해가 안 될 정도로요. 그런데 아이가 태어나고 나서 모든 것이 달라졌어요. 아내는 이제 저를 사랑하지 않아요. 아니, 오히려 귀찮아해요. 제가 만지기만 해도 화를 버럭버럭 냅니다. 가끔은 너무 비참해서 눈물이 나기도 해요."

저는 C와 D의 이야기가 서로 다르지 않다는 생각이 들었습니다. 두 사람 모두 상대방에 대한 서운함을 털어놓기 전에 '행복한 결혼'이란 무엇인지에 대해 먼저 충분히 고민해봐야 할 것 같았습니다.

행복한 결혼이란 무엇일까

행복한 결혼생활은 어때야 한다고 생각하세요?

'행복'은 워낙 자주 쓰이는 말이죠. 이런 질문을 받은 싱글들 중에는 영화나 드라마에서 봤던 행복한 결혼생활을 떠올리는 분들도 많을 겁니다. 하지만 행복한 결혼생활을 구성하는 요소는 사람마다 다릅니다. 모두에게 축복받는 결혼식, 볕이 잘 들고 푸르른 화분이 놓인 아늑한 거실, 주말에 즐기는 부부 데이트. 그러한 요소들은 행복한 결혼의 겉모습에 지나지 않습니다.

저는 C에게 물었습니다.

"당신에게 행복한 결혼이란 무엇인가요?"

"서로 숨김없이 이야기하고 응원해가며 사는 거요. 솔직하게 말하면 제가 더 많이 응원받고 싶어요!"

"후후. 정말 솔직하고 멋진 결혼관이네요."

저는 같은 질문을 D에게도 던졌습니다.

"당신에게 행복한 결혼이란 무엇인가요?"

"저도 비슷해요. 회사에서 퇴근하고 나면 아내와 함께 하루 동안 있었던 이런저런 일들을 나누고, 힘든 일이 있으면 격려해주고. 시간이 지나면서 설레는 마음이 사라질 순 있지만, 부부는 그래도 세상에서 제일 가까운 사이여야 한다고 생각해요."

지난날을 떠올리며 마음 정리

저는 다시 C에게 질문을 돌렸습니다.

"남자친구와 만나면서 가장 기쁘고 즐거웠을 때는 언제였나요?"

"사귄 지 얼마 지나지 않았을 때, 제가 희귀한 병에 걸려 수술을 받게 됐어요. 너무 불안해서 '어쩌면 아기를 영영 못 낳게 될지도 몰라' 하고 털어놓았죠. 그러자 '만에 하나 그렇게 된다 해도, 널 아끼는 내 마음은 변하지 않아. 너는 이 세상에 단 하나뿐인 사람이니까'라고 하더군요. 그 말을 듣고 얼마나 울었는지……."

저는 같은 질문을 D에게도 던졌습니다.

"아내와 가장 기쁘고 즐거웠을 때는 언제였나요?"

"뭐, 수도 없이 많았지만, 역시 아이를 낳았을 때였던 것 같아요. 우리 둘이서 같이 한 생명을 만들었다는 게 너무나 놀랍고 충격적이었어요. 기쁨이나 즐거움을 넘어, 아내에게 존경심 같은 게 들었으니까요."

"이렇게 말로 표현해보니까 좀 색다르죠? 두 분 모두 그때 그 마음을 충분히 떠올려보세요. (잠시 생각할 시간을 가졌습니다) 어떠세요?"

C가 먼저 대답했습니다.

"역시 그 사람만큼 절 이해하고 아껴주는 사람은 없는 것 같아요."

뒤이어 D도 대답했습니다.

"아내와 함께했던 소중한 순간들이 계속해서 떠오르네요. 아내가 지금 육아에 지쳐 잠깐 저에게 소홀한 게 아닐까 하는 생각도 들고요."

'회상 요법'이라는 심리 요법이 있습니다. 추억을 돌이켜보거나 남에게 이야기함으로써 뇌에 자극을 주고 정신을 안정시키는 요법이죠. 즐거웠던 기억을 함께 떠올리고 서로 이야기를 주고받다 보면, 마음이 안정되고 더 바람직한 소통으로 발전할 수도 있습니다.

영국 사우샘프턴 대학교 University of Southampton의 연구에 따르면, 행복했던 추억을 떠올리면 미래를 더 긍정적으로 생각하며 자존감이 높아진다고 합니다. 서로 존중하는 관계를 쌓아나가는 데 도움이 되겠죠?

관계를 위해 더 노력할 수 있나요?

모든 일이 그렇듯이, 연애나 결혼 또한 처음 시작했을 때는 날아오를 것처럼 기뻤다가도, 시간이 흐를수록 언제 그랬냐는 듯 당연하게 느껴지곤 합니다. 그러면 상대를 간절히 원하고 소중하게 아꼈던 이유를 잊어버리게 됩니다.

그럴 때는 C와 D처럼 회상 요법을 활용해보시기 바랍니다. 가장 좋은 것은 그 추억 속 주인공과 함께 회상을 해보는 것입니다.

그렇게, 상대방에 대한 서운한 감정을 어느 정도 희석시켰다면 지금부터는 두 사람 사이의 관계에 대해 좀 더 집중적으로 고민해봅니다.

저는 C와 D에게 같은 질문을 던졌습니다.

"두 분은 아까 행복한 결혼에 대해 비슷한 대답을 하셨어요. 즉, 세상에서 부부 사이가 가장 가까울 때, 서로가 서로를 응원하는 사이가 될 때 행복한 결혼이 가능하다고 하셨죠. 그렇다면 지금의 상대와 앞으로 그런 사이를 만들어가는 게 가능하다고 보시나요?"

두 사람은 머뭇거리는 듯 싶었습니다. 그러더니 C가 먼저 이야기를 꺼냈죠.

"지금 같은 상태라면 힘들겠지만…. 조금 더 노력을 해야겠죠."

D도 이어서 말했습니다.

"맞아요. 아내는 원래 다정한 사람이에요. 함께 행복한 결혼을 꾸려나갈 수 있는 상대라고 믿어요."

"자, 그렇다면 어떻게 해야 행복한 결혼생활을 해나갈 수 있을까요?"

이번에는 D가 말했습니다.

"오늘 이야기를 나누다 보니, 착한 아내가 왜 그렇게 변했을까 하는 생각이 많이 들었어요. 아마 아이를 돌보는 게 힘들어서겠죠. 그렇다면 힘든 부분을 제가 많이 덜어줘야겠어요. 육체적으로 힘이 덜 들면, 제게도 예전처럼 다정하게 대해주지 않을까요?"

C는 이렇게 말했습니다.

"글쎄요. 저는 제가 더 많이 응원받고 싶은데, 역시 지금 상태로는 어려울 것 같아요. 한번 솔직하게 이야기를 나눠보고, 역시 저에게 사랑이 식었다거나 저와 미래를 꿈꿀 수 없다고 하면 헤어지는 게 낫겠어요. 그 사람을 사랑하지만, 역시 저는 저를 더 사랑해요. 관계 회복을 위해 노력하면서 상처받을 걸 생각하니 엄두가 안 나요."

C와 D는 각기 다른 결론을 내렸습니다. 둘은 비슷한 고민을 가지고 있었지만, 관계를 유지하기 위해 더 많은 노력을 기울일 생각이 있느냐 없느냐에 따라 다른 결론에 도달하게 된 셈이죠.

이는 옳고 그름의 문제가 아니라, 자기 판단의 문제입니다. 저는 '내가 더 많이 응원받고 싶다'고 하는 C의 이야기가 아주 용기 있는 선언이라고 생각해요. 그것은 달리 말해 '누구보다 나를 사랑하고 싶다'라는 선언으로 읽히거든요. 그녀의 선언을 100퍼센트 지지하는 이유입니다. 그녀는 아마도 앞으로 연애에 끌려다니는 것이 아니라 연애를 주도적으로 끌고 가는 사람이 될 수 있을 거예요.

결혼을 한 D는 아내를 좀 더 이해하고 돕기로 했습니다. 이 역시 여전히 아내의 관심을 바라는 자기의 마음을 생각과 일치시키기 위한 '나 중심 선택'입니다. D 부부가 어떤 결말을 맞게 될지 정말 기대됩니다.

선 긋기의 기술

▶ 마음과 생각 일치시키기

마음 "그 사람은 이제 사랑이 식었나 봐. 나는 아직 그 사람을 사랑하는데……."
생각 "행복한 결혼생활을 할 자신이 없다면 헤어지는 게 낫지 않을까?"

상대방에게 너무 서운하고 가끔 짜증도 나지만, 여전히 그 사람이 좋은 이유는 무엇일까요? 그리고 행복한 결혼이란 뭘까요? 그 두 가지에 대해 답을 찾으면 해결의 실마리가 보일 것 같네요.

▶ 나에게 던지는 질문

"그 사람과 만나면서 가장 행복했던 때는 언제야?"
"행복한 결혼이 뭐라고 생각해?"

— 연인이나 배우자는 혈연으로 이어진 가족을 제외한, 세상에서 가장 가까운 존재입니다. 때문에 이들과 관계를 설정할 때 실수를 저지르는 일이 잦죠. 이들과의 사이에는 잘 지워지는 실선을 그리는 게 좋아

요. 그 선 안으로 넘어가지 않도록 늘 유의해야 하지만, 경우에 따라 서로 합의를 통해 선을 지우고 다시 그릴 수 있도록요. 그렇지 않으면 자주 싸우고 상처받기 십상입니다. 핵심은 항상 많은 대화를 나누며 어떻게 선을 그을지 상의해야 한다는 것입니다. 서로의 사생활은 여기까지 지켜주자든지, 아무리 화가 나도 이 이야기는 하지 말자든지 하는 식으로요.

— 모든 연애가 결혼으로 이어질 필요는 없습니다. 연애건 결혼이건 선택일 뿐이죠. 문제는 상대와 이 점에 있어 생각이 같아야 한다는 것입니다. 한쪽은 결혼 생각이 가득한데, 다른 한쪽이 아예 생각이 없다면, 이 둘은 시간이 지날수록 얼마나 큰 괴로움을 겪게 될까요?

— 연인관계나 부부관계는 특수해서 내가 상처받는 만큼 상대도 상처받는 일이 잦습니다. 내가 상대로 인해 힘들다면, 그 역시 나로 인해 힘들 수 있다는 사실을 한 번쯤 상기해보셨으면 합니다.

— 이 관계에서도 가장 중요한 건 '나 자신'입니다. 상대와 함께하면 할수록 나의 자존감이 바닥까지 떨어질 것 같다면, 그와의 사이에 실선이 아닌 절취선을 그려야 하는 건 아닐까 심각하게 고려해보시기 바랍니다.

연애든 결혼이든 하고 싶은데, 좋은 사람을 못 찾겠어요

제게는 연애를 시작하는 게 왜 이리 어려울까요? '같이 있으니까 즐겁네' 정도의 감정을 느꼈던 사람은 있지만, 누군가를 진심으로 좋아해본 적은 없는 것 같아요. 남들은 잘만 연애하고 잘만 결혼하는데, 저는 왜 이럴까요. 가볍게 누군가를 만나도 제가 그 사람을 좋아하는지 확신이 안 드니 우물쭈물하다 놓쳐버리기 일쑤예요. 이제는 그냥 누군가를 만나는 것조차 귀찮기도 하고요. 그냥 혼자 사는 게 나을까요?

연애 강박을 덜고 생각해볼 것

저는 E에게 물었습니다.

"왜 누군가를 좋아하고 싶으세요?"

"그게 당연한 일이잖아요, 좋아하는 사람이 있으면 재미있고 행복할 것 같기도 하고요."

"어떤 게 행복이라고 생각하는데요?"

"누군가를 좋아하고, 그 사람도 절 좋아하고, 그런 사이가 계속 이어지는 것이요."

E는 누군가를 좋아해야 한다는 생각에 사로잡혀 거기서 벗어나지 못하는 듯했습니다. 정작 왜 그래야 하는지는 진지하게 생각해보지 않은 채 말이죠. 그런 상태에서는 강박관념을 버리란 말을 들어도 수긍하기 어렵지만, 그럴 때일수록 한발 물러나보는 편이 좋습니다.

"혹시 지금 가볍게라도 만나는 사람은 있어요?"

"네, 얼마 전에 소개팅한 사람인데, 두 번 정도 만났어요."

"그 사람은 어디가 좋아요?"

"생각해본 적 없는데······. 예의바르고 성실한 점이요?"

"그 점만으로 계속 관계를 발전시켜나가긴 어려운가요?"

"글쎄요. 잘 모르겠지만, 힘들지 않을까요? 연애를 하려면 꼭 첫눈에 반하진 않더라도 그 사람을 보면서 막 설렌다든가 행복해진다든가 그래야 하잖아요. 그런 감정이 느껴지지 않는 걸 보면 제가 이 사람을 이성으로 좋아하는 것 같지는 않아요. 그냥 그만 만나야 하는 거 아닐까요?"

E는 몹시 시무룩해 보였습니다. 저는 그녀에게 심호흡을 한 번 해보라고 권했죠.

"자, 다른 질문을 던져볼게요. 아까 '누군가를 좋아하고 그 사람도 절 좋아하고 그런 사이가 계속 이어지는 것'이 행복이라 생각한다고 하셨잖아요. 지금까지 살면서 그런 행복을 느꼈던 적이 있나요?"

"음…. 어렸을 때는 그랬던 것 같기도 하고. 사실 아주 뜨거운 연애를 별로 해본 적이 없었던 것 같아요."

"그럼 연애 말고, 그냥 지금까지 살면서 그렇게 충만한 행복감을 느껴본 적이 있어요?"

"… 별로요."

"그래서 불행했나요?"

"아뇨, 그렇진 않죠. 행복하지 않다고 불행한 건가요."

그녀는 약간 발끈해서 대답하고는 민망한 듯 표정을 추스르더니, 이내 생각에 잠겼습니다.

"자, 오늘 대화에서 느끼신 부분이 많을 거예요. 충분히 고민해보셨으면 해요."

저는 그녀에게 더 생각해보라고 하고 그날의 만남을 끝냈습니다.

선을 지웠다 그었다, 편안한 거리 찾기

며칠 후, E는 저를 다시 찾아왔습니다.

"선생님, 그날 이후 많은 생각을 했어요. 왜 그렇게 제가 연애를 하고 싶어 하는 걸까, 하는 근본적인 고민을 하게 됐죠. 결국은 사회가 만들어둔 규율, 그러니까 다른 사람의 시선으로 절 보기 때문에 그런 것 같았어요. 집에서는 이제 제가 혼기를 훌쩍 넘겼는데 왜 아직 만나는 사람이 없느냐고 하시고, 제 친한 친구들은 모두 결혼해서 아이까지 낳았고…. 저는 그사이에서 튀는 사람이 되고 싶지 않았나 봐요."

"많은 사람들이 그래요. 그래서 조급한 마음에 서둘러 결혼했다가 후회하기도 하고요. 비단 결혼 문제뿐만이 아니에요."

"맞아요. 직장 구할 때도 그랬어요. 학교 졸업하고, 당연하다는 듯이 전공에 따라 회사에 들어갔어요. 그전에 대학도 그냥 점수 맞는 곳에 들어갔었고요. 돌아보니 단 한 번도 제가 진짜 원하는 게 뭔지 깊게 생각해본 적이 없었어요."

저는 E의 각성(!)이 꽤나 반가웠습니다.

"어때요, 문제는 연애가 아니었죠?"

"네, 정말 그랬어요. 강의 시간에 말씀하셨던 '나 중심 선택'이 뭔지 절실하게 깨달았어요. 내가 정말 원하는 것이 뭔지 확실히 알고 그걸 기반으로 나 중심을 튼튼히 만들어놓지 않았더니, 뭐든 다 심드렁했던 거였어요. 일도, 연애도요."

"그럼 지금부터라도 정말 내가 어떤 사람이고 원하는 게 뭔지 그려보세요. 그렇게 해야 만나는 분과의 관계도 잘 설정할 수 있어요."

"네, 그럴게요."

"그래도 고민이 된다면 앞으로 3주 동안 그 사람이 어떤 면에서 성실한지 구체적인 부분을 찾아보시고, 그 외 또 다른 장점도 찾아보세요. 그러고 나서 좋아하는 마음이 줄어든다면 계속 만날 필요가 없을 테고, 그 반대라면 조금 더 만나봐도 괜찮지 않을까 싶네요."

E는 웃으며 저와 헤어졌습니다.

한 달쯤 지났을까, 저는 그녀로부터 기분 좋은 이메일을 받게 되었습니다.

"선생님 덕분에 진짜 제가 뭘 원하는지 알 수 있었어요. 저는 혼자 있는 시간이 꼭 필요한 개인주의자였어요. 데이트를 하고 나서도 집에 얼른 가서 혼자 책 보고, 영화 보고 싶고 그랬거든요. 그 시간이 더 재미있기도 하고요. 하지만 때때로 외롭기도 해서 누군가를 만나고 싶었죠.
이런 이야기를 만나고 있는 사람에게 털어놨어요. 그 사람은 자기에게도 그런 구석이 있다며 이해한다고 했어요. 그 말을 듣고 나니, 그 사람의 장점이 더 크게 보이더라고요. 그래서 조금 더 만나보기로 했어요. 이제 그 사람과 함께 있으면 설레고 가슴 떨리진 않지만, 기분 좋은 편안함이 느껴져요. 적당히 데이트하고 서로 혼자만의 시간도 가지면서 밸런스를 찾고 있어요. 지금 이 상태가 너무 만족스러워요."

E는 사람들과의 사이에 늘 어느 정도 거리를 두는 것이 편한 사람이었던 겁니다. 그 사실을 스스로 인지하고 나니, 인간관계를 어떻게 설정해야 할지 스스로 깨달을 수 있었던 거죠. 그녀는 연애를 할 때도 처음부터 상대와의 거리를 바짝 좁히기보다는, 처음엔 상대와 거리를 둔 채 선을 긋고, 그다음에는 조금씩 거리를 좁혀 가며 선을 지웠다 다시 그리는 식으로 가장 편안할 수 있는 거리를 찾아가야 하는 사람이었습니다.

사실 이는 그녀뿐 아니라 대부분의 사람에게 적용되는 이야기입니다. 처음부터 상대와 자신의 거리를 0으로 만들고 싶어 하는 사람은 오히려 상대에게 너무 큰 부담을 줄 수 있죠. 서로에게 편한 거리를 찾는 연습이야말로 시작하는 연인들이 해야 할 첫 번째 과제인 것입니다.

선 긋기의 기술

▶ 마음과 생각 일치시키기

마음 "혼자 있는 게 편해. 그래도 가끔은 외로워."
생각 "가슴 떨리는 상대가 아니면 연애를 할 수 없는 거 아닐까?"

혼자 있는 걸 좋아하는 사람에게 가슴 떨리는 상대가 찾아오지 말란 법은 없지만, 서로의 취향을 존중해주면서 함께 있는 시간을 행복하게 보낼 수 있는 상대라면 어떨까요? 마음과 생각이 일치되는 지점이 잘 보이지 않나요?

▶ 나에게 던지는 질문

"내가 진짜로 원하는 게 뭘까?"
"그 사람의 장점은 무엇이지?"

장점을 보고 나서 좋아하는 마음이 커져, 줄어들어?"

— 오랫동안 연애를 제대로 하지 못한 분들은 대체로 상대에 대한 자신의 감정을 잘 모르겠다고 말합니다. 당연합니다. 모두가 열렬한 마음으로 연애를 시작하는 게 아니니까요. 그저 당신은 혼자인 시간에 익숙해져 있고, 그 시간이 꽤 나쁘지 않은 것뿐입니다. 이 점을 먼저 인지해야 합니다.

— 조금 호감을 갖고 있는 상대가 있다면, 처음부터 그와의 사이를 바짝 좁히려고 하지 마세요. 천천히 탐색해가며, 처음에는 멀찍이 떨어져 선을 긋습니다. 다만 이 선은 언제든 지울 수 있는 것이란 신호를 상대에게 보내야겠죠. 흔히 말하는 '철벽'이어선 안 된다는 겁니다.

— 상대가 장점이 많은 사람이고 그에 대한 호감이 줄어들지 않는다면, 그 선을 지워가며 조금씩 둘 사이의 거리를 좁혀 보세요. 그렇게 둘이 가장 편안할 수 있는 거리를 그때그때 찾아 거기에 선을 그어보세요. 여기까지 성공적으로 왔다면 두 사람은 긴 시간 동안 서로 존중하며 행복하게 지낼 수 있을 거예요.

 **더 읽어보기**

뇌를 이용해
마음을 바꿔치기?

뇌 과학자인 이케가야 유지池谷裕二 교수는 자신의 저서 《스스로도 깨닫지 못하는 마음의 맹점自分では氣づかない,ココロの盲点》이란 책에서 흥미로운 연구 사례를 소개합니다.

스웨덴 룬드 대학교Lund University의 라르스 할Lars Hall 박사 연구진은 실험 참가자들에게 이성 사진 2장을 보여주면서 "더 마음에 드는 사람을 고르세요"라고 지시했습니다. 그리고 참가자가 한쪽을 고르면, 속임수를 이용해 나머지 사진으로 바꿔치기를 했습니다. 하지만 놀랍게도 참가자의 80퍼센트 이상이 사진이 바뀌었다는 사실을 눈치채지 못했다고 합니다. 게다가 "왜 이 사람이 더 마음에 들어요?" 하고 물으면, 사진 속 사람의 특징을 들어가며 자기가 그것을 고른 이유를 대답했다고 합니다.

이는 '선택맹 Choice Blindness'이라는 뇌의 성질을 실험한 사례로, '인간의 뇌는 이유를 물으면 어떻게든 지어내서 대답한다'는 특징을 명확히 드러냅니다. 하지만 말하는 사람은 이것이 진심에서 우러나온 대답이라고 착각하죠. 이러한 착각이 가지고 있는 커다란 영향력을 잘 활용해서 바람직한 '진짜'를 만들어내면 더 좋지 않을까요?

제가 "이 사람을 제가 좋아하는지 아닌지 모르겠어요"라고 말하는 분들에게 "그 사람의 장점을 아주 구체적으로 찾아서 떠올려보세요. 그래도 좋아하는 마음이 줄어든다면 헤어지세요"라고 말하는 것도 같은 이유에서입니다. 열렬히 좋아하는 마음이 꼭 정답은 아니니까요. 장점이 많은 상대를 놓치기는 아깝기도 하겠고요.

결과는 어떨까요? 대부분이 "좀 더 만나기로 했어요"라고 말한답니다. 그대로 좋은 관계를 쭈욱 이어가는 분들도 많고요. 뇌가 마음을 끌고 와 스스로 일치시킨 거라고 보아야겠죠?

3
친구관계
선을 넘어오지 않도록

친구를 어떻게 정의할지는 사람마다 다릅니다.

그런데 '무슨 일이 생겨도 서로 돕고, 평생 함께할 사람'이라는 좁은 의미로 친구를 정의하는 사람은 의외로 적습니다. 평생 함께할 친한 친구부터 같이 밥 먹으러 가는 사람, 동호인, 학교 동창, 회사 동료, SNS 팔로워까지, 친구라는 말을 넓은 의미로 쓰는 사람이 더 많지 않을까요? 저도 마찬가지고요.

"얼마 전에 친구한테 들었는데 이런 일이 있었대"라는 말에 등장하는 친구는 대부분 넓은 의미의 친구를 뜻합니다. 그런데 "친구가 얼마나 있어요?" 하고 물으면 "글쎄요, 기껏해야 10명 정도예요" 하고 좁은 의미로 대답하는 사람이 많습니다.

이렇게 친구라는 말에 여러 형태의 관계가 포함되어 있는 만큼 그 모두와 똑같은 방식으로 사귈 수는 없을 거예요. 만나는 횟수뿐 아니라 얼마나 성격이 맞고 서로를 이해하는지도 다르고, 애정의 종류나 그것을 느끼는 정도 또한 제각각이기 때문에 어쩌면 당연한 일이죠.

이번 장에서는 친구가 나에게 어떤 의미인지 정리함으로써 그와 나 사이에 무슨 선을 어떻게 그어야 할지 그 비법을 알려드리겠습니다.

그 친구는 항상 제게 상처 주는 말을 해요

자주 어울리는 친구 중에 항상 사람들을 깔보듯 이야기하면서 바라지도 않은 조언을 하는 사람이 있습니다. 모든 사람을 그런 태도로 대하는 모습을 보면 화가 나서 저도 모르게 반발하곤 합니다. 그런데 핀잔을 주고 나면 그 순간은 후련하지만, 모임 분위기가 나빠져서 늘 후회합니다. 하지만 아무리 생각해도 잘못은 그 친구한테 있고, 볼 때마다 화가 나서 같은 말을 반복하고 있습니다.

참아도, 쏘아붙여도 찜찜하긴 마찬가지

F는 잘난 척하는 사람을 싫어합니다. 저번에 친구들이 모인 자리에서도 화나는 일이 있었다고 합니다.

"쓸데없는 회의만 없애도 야근이 훨씬 줄어들 텐데."

F는 친구들과 함께 회사 뒷담화나 해볼 요량으로 가볍게 말을 꺼냈습니다. 그런데 평소 입바른 소리를 하기로 유명한 한 친구가 이렇게 반박했던 것입니다.

"생각이 짧네. 회의를 줄이면 각자 고생할 일이 더 늘어나. 개인적인 경험을 일반화하면 안 되지."

F는 울컥한 나머지 "너도 개인적인 경험을 가지고 이야기하는 거잖아!" 하고 쏘아붙이고 말았습니다. 분위기는 금세 험악해졌죠.

F는 즐거웠어야 할 모임 분위기를 망쳐버렸다고 후회하며 '이제 안 그래야지' 하면서도, 그 친구의 깔보는 듯한 말투를 떠올리면 화를 억누르기가 힘들다고 했습니다.

반박을 당하면 화가 나는 게 당연합니다. 그런 말에 화가 나는 이유는 간단하죠. 나를 생각해서 하는 애정 어린 조언이 아니라, 나를 깎아내리려고 하는 마음이 섞인 핀잔이란 느낌이 강하게 전달되기 때문입니다.

갈등을 피하기 위해 또는 여럿이 모인 자리에서 분위기를 망치지 않기 위해 꾹 참다 보면, 속병이 날 지경입니다. 분에 못 이겨 톡 쏘는 말을 뱉고 나면 속은 후련하지만, 결국 '다른 친구들이 걔와 나를 똑같은 사람 취급하는 거 아닐까?' '앞으로 얘랑은 어떻게 지내야 하지?' 하는 생각에 후회하며 전전긍긍하게 됩니다.

사람은 마음 깊숙한 곳에 열등감이나 비굴함이 자리하고 있을 때, 이것을 털어내려고 자기가 상대보다 우월하다는 사실을 은연중에 드러내면서 상대를 비난하곤 합니다. 아마 F를 공격한 친구도 그랬을 거예요. 하지만 이런 사실을 안다고 해도 그렇게 큰 위로가 되진 않습니다. 정작 이런 마음의 목소리를 들어야 할 사람은 상대이니 말이죠. 정말 그 친구가 스스로 깨닫기를 바라야만 하는 걸까요?

많은 경우의 수를 가지고 정리해보기

이번에도 '어떻게 하고 싶은지'가 문제인데, F 스스로도 결론을 내리지 못한 모양입니다. 이제 그만 화내야지, 하다가도 욱하는 상황이 반복되고 있기 때문이죠.

저는 F에게 물었습니다.

"저번 모임으로 되돌아갈 수 있다면 어떻게 하고 싶어요?"

F는 잠시 그때 분위기와 기분을 떠올려보더니, 이렇게 대답했습니다.

"'그렇게 생각할 수도 있겠네' 하면서 일단 넘겨야죠. 속은 후련하지 않겠지만, 찜찜한 마음은 훨씬 덜할 것 같아요."

과거를 돌이켜볼 때 답이 선명해지는 이유는, 미래를 상상할 때보다 감정을 체험하기 쉽기 때문입니다. F는 과거를 돌이켜보면서 피하고 싶은 '후회'가 아니라, 얻을 수 있는 '덜 찜찜한 감정'을 체험했기에 흘려듣기를 선택한 것입니다.

"다음 모임에서 같은 일이 생기면 어떻게 하시겠어요?"

"될지는 모르지만, 그냥 흘려들어 볼게요."

F는 조금 체념한 듯, 속 시원하게 쏟아붙이고 싶은 충동을 따르기보단 오랫동안 가슴에 남는 후회를 없애는 편이 낫다고 말했습니다.

그러나 저는 여기서 한발 더 나아가보고 싶었습니다. 계속 참기만 하는 건 결코 답이 아니라는 걸, 저도 여러분도 아니까요. 그래서 F에게 다시 질문을 이어갔습니다.

"다른 친구들을 생각하지 말아보세요. 문제의 친구와 둘이서만 친구라면, 어떻게 하실 거예요?"

"음…. 스트레스를 받느니 그냥 안 만날래요."

"알겠습니다. 안 보는 것 말고는 답이 없을까요?"

"… 최소한 친하게는 안 지낼 것 같아요. 그런 가시 돋친 말들을 들을 자신이 없거든요."

"그건 지금도 할 수 있는 일이에요!"

피하는 것을 넘어서

여러분도 이 이야기를 읽다 보면 주변에 나를 은근히 무시하는 것 같은 사람 한 명쯤 떠오르실 겁니다. 보통 그분들을 어떻게 대하나요? 대놓고 말싸움을 하나요, 아니면 무조건 꾹 참나요?

F는 그래도 할 말은 하는 편이지만, 대부분의 사람은 이런저런 이유로 속을 끓이며 그냥 참곤 합니다. 그러면서도 '언젠가 꼭 한방 먹이고 말 거야'라고 칼을 갈기도 하죠. 그런데 보다시피, 참지 않고 하고 싶은 이야기를 하는 F 역시 속이 편한 건 아닙니다. 이러지도 저러지도 못하는 상황, 어떻게 해야 할까요?

F와 저의 마지막 대화에 주목해주시기 바랍니다. F는 "최소한 친하게는 안 지낼 것 같아요"라고 말했습니다. 친하게 지내

지 않는다는 것은 감정적으로나 물리적으로나 거리를 둔다는 뜻이겠죠. 영원히 안 보고 살 수 없는 사이라 해도 거리를 둔 채 둘 사이에 확실히 선을 긋는 것 정도는 누구나 언제든 할 수 있는 일입니다.

구체적으로 어떻게 해야 할까요?

- 친구들과의 모임에서 만나는 것 외에 개인적인 만남 갖지 않기
- 친구 모임에서는 되도록 멀리 떨어져 앉고 말 섞지 않기

이 정도는 누구나 떠올릴 수 있는 거겠죠. 그냥 피하는 거잖아요. 그런데 이것만으로는 왠지 마음이 풀릴 것 같지 않습니다.

F는 이렇게 말했습니다.

"꼭 화를 내며 쏟아붙이지 않아도 친구의 가시 돋친 말에 적절히 대꾸할 수는 있잖아요. 너무 대놓고 공격적이지는 않아도 제 감정이 지금 적대적이라는 사실 정도는 전달할 수 있었으면 좋겠어요."

"때로는 침묵이 최선의 방어책이에요."

"네? 말을 하지 말라고요?"

"네. 이건 제가 간혹 쓰는 팁인데요. 누군가가 제게 정말 기

분 나쁜 이야기를 하면, 그 사람 눈을 2~3초 정도 똑바로 쳐다보고 살짝 웃어줘요. 그리고 바로 다른 사람을 쳐다보며 다른 화제를 꺼내죠. '네 말은 대꾸할 가치도 없어'라고 은연중에 말해주는 거예요."

"아, 그럼 정말 통하나요?"

"통하죠. 같이 발끈하다 보면 자칫 말싸움이 날 수도 있지만, 이렇게 하면 상대 입장에선 다시 같은 주제로 이야기를 꺼내기도 어렵고 화를 낼 수도 없잖아요. 말 그대로 상대의 말문을 막아버리는 전략이에요."

"한번 써먹어봐야겠어요."

"이런 일이 몇 번 생기면, 상대는 내 의중을 눈치채고 조금이라도 말이나 행동을 조심하게 돼요. 그렇게 훌쩍 넘어왔던 경계선 안에서 밖으로 한발을 빼죠. 이로써 적절한 거리가 확보되면, 그전보다 훨씬 존중받는다는 느낌이 들 거예요."

"정말 그랬으면 좋겠어요."

다시는 보기 싫다 생각했던 사람도 적당한 거리를 확보한 후 명확한 선을 긋고 나면, 오히려 더 편해지는 경우가 많습니다. 사람에 대한 평가를 섣불리 내려선 안 되는 이유죠. 선을 잘 그음으로써 오히려 그 사람이 좋아지고 사이가 부드러워지는 역설이 누구에게나 생길 수 있음을 기억해야 합니다.

선 긋기의 기술

▶ 마음과 생각 일치시키기

마음 "화를 내고 나면 속은 후련하지만 금세 후회해. 하지만 보면 또 화가 나."
생각 "모임 분위기를 망치면 안 돼. 어떻게든 해결하고 싶어. 그런데 잘못은 걔한테 있어."

마음도 생각도 복잡합니다. 저 역시 저를 깔보는 사람이 있으면, 눈을 내리깔고는 비아냥거리는 말투로 핀잔을 줄 때가 있는데요. 그렇다고 근본적인 문제가 해결되지는 않습니다. 이럴 때는 조금 더 냉정하게, 생각 쪽에 마음을 일치시켜야 합니다.

▶ 나에게 던지는 질문

"그 상황으로 되돌아간다면, 어떻게 할 거야?"
"세상에 그 사람과 나 둘뿐이라면, 어떻게 지낼래?"

— 가까운 사이이면서도 나에게 무례한 말을 종종 내뱉는 친구들과는 확실히 좀 더 멀어질 필요가 있습니다. 그렇게 멀어진 상태에서 진하게 선을 긋고, 이를 더 넘어오지 않도록 상대에게 주지시켜야 합니다. 대놓고 "선 넘어오지 마!"라고 말하라는 게 아닙니다. 상대를 살짝 무시함으로써 선을 그었단 사실을 상대가 눈치채게 만들라는 것이죠. 나를 무시하는 말에 대꾸를 하지 않고 몇 초간의 침묵을 지키든가, 상대에게 하는 말에 일부러 웃음기를 빼는 것이 그 방법입니다. 어떤 수를 쓰든, 나를 약간 어려워하도록 만드는 게 포인트입니다.

— 오히려 어느 정도 거리가 확보된 다음부터는 상대가 내 눈치를 살피며 말과 행동을 조심하는 경우가 많습니다. '아, 얘가 이런 애였나?' 하고 갸웃하게 될 정도로요. 상대의 도발에 꿈쩍하지 않는 자신감 넘치는 모습을 보여주면, 상대가 주눅이 드는 건 당연지사이기 때문이죠.

— 그렇게 사이가 멀어지고 당당하게 선을 그을수록 관계가 회복될 가능성이 커집니다. 그러나 회복이 된 후에도 금세 거리를 좁힐 생각은 하지 마세요. 사람 성격은 크게 안 바뀌니까요. 그 친구와는 서로 조심하며 좋은 감정을 주고받을 수 있는 딱 그 정도의 거리가 적당합니다.

단짝 친구가 연애를 하면서 사이가 멀어졌어요

서로 가리지 않고 뭐든 이야기할 수 있는 친한 친구가 있습니다. 대학 졸업 후에도 친하게 지냈는데, 친구에게 남자친구가 생기고 나서 상황이 달라졌어요. 만나기로 해놓고선 약속 시간 직전에 갑자기 취소한 적도 있고요. 당연히 남자친구가 우선이겠지 생각하면서도 괜히 푸대접받는 것 같고 배신감이 듭니다. 저도 이런 제가 한심해요.

'착한 척'이 마음을 상하게 해

G에게는 학창 시절부터 수많은 시간을 함께 보낸 단짝 친구가 있습니다. 힘들다고 하면 언제든 달려왔고, 이런저런 일로 푸념을 털어놓으면 싫은 내색 없이 다 받아주던 친구. 그랬던 친구가 남자친구가 생기자 주말에 시간을 내주지 않습니다. 심지어 약속시간 직전에 약속을 취소한 적도 있고요.

친구가 연애를 한다고 했을 때 G는 자신과 친구의 사이가 전보다는 소원해지겠다는 생각을 했다고 합니다. 그런데 이 정도로 변할 줄은 몰랐습니다. '남자친구 생기자마자 이렇게 달라질 수 있는 건가' 하는 생각에 허탈하기도 하고, 요즘엔 친구가 문자메시지에 답장을 해줘도 '예의상 받아주는 건지 몰라' 하는 의심마저 듭니다.

한편으로는 연애를 시작했으니 남자친구를 우선시하는 게 당연하다고 생각합니다. 그래서 친구의 행동을 이해하려고 해보았지만 뜻대로 되지 않습니다. 친구에게 화가 나고 서운하면서도, 그런 자신이 한심해 마음이 무겁습니다. 친구와 함께 보내던 시간이 휑하니 비어서인지 이런저런 생각이 더 많이 드는 것도 같습니다.

남자친구가 생겼다고 해서 일방적으로 친한 친구관계를 끊어버리거나 소홀히 했다면 충분히 부당하다고 느낄 수 있습니다. 친구가 연애하기 전 둘의 관계를 생각하면, 남자친구보다 내가 뒷전이거나 갑자기 약속을 취소해서 화가 나는 건 너무도 자연스러운 일이죠. 그런 감정이 들 정도로 친구를 아낀다는 것은 둘이 절친한 관계를 맺어왔다는 증거이고, G 자신도 친구로서 매력 있는 사람이라는 뜻입니다.

그런데 G가 '연애를 하면 남자친구 먼저 챙기는 게 당연하지'라는, 속으론 믿지도 않는 상식으로 마음의 목소리를 억누르는 이유는 뭘까요?

'난 친구의 행복을 응원해야 하는 사람이니까 잠자코 지켜봐야 해.'

이렇게 다짐하며, 자꾸 다른 마음이 드는 스스로를 한심하게 느끼는 건 아닐까요?

'친하니까' 친구 삶에 나타난 변화를 이해해야 한다면서 착한 척을 하면, 언뜻 그것이 친구를 위하는 행동처럼 보이죠. 하지만 사실 그것은 '친한데, 어떻게 이래?'라는 비난의 또 다른 표현입니다. 그러니, 이 문제를 해결하려면 우선 상식이나 도리는 잠깐 무시하고, 서운하고 화나는 감정이 마음껏 드러나도록 나 스스로를 비우고, 이런 감정을 느끼는 나 자신을 허용해야 합니다.

답답함을 클리어링하자

G처럼 이른바 '착한 척' 때문에 진짜 자신의 감정에 충실하지 못한 사람을 만났을 때, 저는 대상자에게 답답한 점이 무엇인지 하나도 빠짐없이 털어놓게 합니다. '토해내게 한다'는 표현이 더 정확할지도 모르겠군요. 이를 바로 '클리어링Clearing'이라고 합니다.

우리가 평소 불평·불만을 쏟아내거나 누군가에게 하소연을 하는 것도 모두 클리어링에 속합니다. 이는 한걸음 더 앞으로 나아가는 데 훌륭한 방법입니다. 불평이란 말에는 부정적인 뜻이 담겨 있지만, 클리어링이란 말은 긍정적인 어감을 가지고 있습니다. 여러분도 앞으로 '불평한다' 대신 '클리어링한다'란 말을 써보세요.

G는 저에게 클리어링을 하며 눈물을 흘렸습니다.

"영원할 거라 믿었던 친구와의 관계가 틀어져서 씁쓸하고 서운해요. 친구한테 화가 나긴 나는데 그런 제가 한심하기도 하고…. 저도 제 마음을 잘 모르겠어요."

한바탕 울면서 감정을 모두 토해낸 G는 가슴을 가득 메웠던 답답함을 걷어내고 안정을 되찾았습니다.

관계의 방식은 천차만별

클리어링을 하고 나서 어느 정도 기분이 안정되었다면, 이렇게 자문해보세요.

"그 친구하고 앞으로 어떤 관계를 쌓아나가고 싶어?"

미래의 어느 날, 친구와 나는 서로 어떤 모습일지 상상해봅니다. 그러면서 그런 관계를 만들어나가려면 지금 어떻게 해야 할지 찬찬히 생각해보는 거예요.

어쩌면 그 친구와 내가 미래에는 서로 떨어져 남 같은 사이가 되어 있는 이미지가 떠오를 수도 있을 거예요. 할머니가 되어 서로 의지하며 전 세계를 함께 여행하는 이미지가 떠오를 수도 있겠죠. 어떤 모습을 상상했느냐가 바로 그 친구와 나의 '현실 거리'가 얼마나 되는지를 반영한다고 볼 수 있어요. 그리고 이 거리가 어느 정도인지에 따라 문제 해결법도 달라질 수 있겠고요.

G는 잠시 생각한 다음 다음과 같이 밝게 대답했습니다.

"언제나 마음이 통하고, 서로가 서로를 믿을 수 있는 사이가 됐으면 좋겠어요. 오랜만에 만나도 어제 만났던 것처럼 웃을 수 있는 관계 말이에요."

이처럼 바라는 모습이 확실해지면, 현재 내 욕구가 장차 그 사람과 쌓아나가고 싶은 관계와 일치하는지 스스로 판단할 수 있습니다.

G는 다음과 같은 이야기를 덧붙였습니다.

"그래요. 자주 못 만나고 연락 좀 뜸하면 어때요? 서로 마음이 통하고 있다는 느낌만 들면 되죠."

저는 G가 스스로 고민하며 답을 찾아가는 모습에 뿌듯함을 느꼈습니다.

"마음이 통하고 있다는 느낌을 더 많이 받으려면 어떻게 해야 할까요? 당장 할 수 있는 일이 있나요?"

"얼마 전에 영화를 봤는데, 그 친구도 좋아하는 장르였어요. 진짜 재밌었는데, 전화해서 너도 보라고 알려줄까 봐요."

생활환경이 달라져서 관계에 변화가 생기는 것은 흔히 벌어질 수 있는 일입니다. 줄곧 친하게 지냈던 사람인데 갑자기 거리감이 느껴지면 쓸쓸하고 당혹스럽게 마련이죠. 그럴 때는 앞으로 그 사람과 어떻게 지내고 싶은지 상상하면서 내 행동 방향을 확실히 해둘 필요가 있습니다. 일단 그 마음이 정리되면 친구와의 관계는 세상 편해집니다.

어쨌든 내 마음이 편한 관계가 가장 좋습니다. 의식해서 친구 노릇을 해야 한다면 진짜 친구가 아니겠죠.

선 긋기의 기술

▶ 마음과 생각 일치시키기

마음 "이제 나는 뒷전인 걸까? 화도 나고 서운해."
생각 "남자친구 생긴 지 얼마 안 됐으니까 예전처럼 자주 어울리지 못하고, 남자친구 먼저 챙기는 게 당연하지. 그런 일로 서운해하다니, 내가 너무 속이 좁은가 봐."

성인이 되어서도 친구를 빼앗긴 것 같은 느낌이 들면 서운합니다. 아무리 어른스럽게 굴려고 해도 서운함과 조바심이 사라지지 않죠. 서운한 마음은 "오랫동안 쌓아온 우정인데 소중하게 지켜야지. 연애한다고 변하다니, 너무해!"라고 소리칩니다. 그런데 이때 꼭 마음과 생각을 일치시켜야 할까요?

▶ 나에게 던지는 질문

"그 사람과 앞으로 어떤 관계를 쌓아나가고 싶어?
눈앞에 구체적으로 그려 봐."

— 친구에게 드는 서운한 감정을 굳이 억누를 필요는 없습니다. 우선 답답한 심정을 전부 토해내는 클리어링 작업을 통해 마음의 안정을 찾아보세요.

— 친구 사이라고 해서 꼭 매일 만나고 가족보다 더 가깝게 지내라는 법은 없습니다. 마음 깊은 곳에서 신뢰를 쌓고 우정을 나누어온 친구 중에는 오히려 실제로 만나기보다 이메일이나 SNS로 소통하는 이들도

많으니까요.

― 그 친구와 나의 미래를 그려보며 둘의 관계를 재설정해봅니다. 친구 사이에 긋는 선은 고무줄과 같아서 수시로 늘어나 뒤로 갔다 앞으로 갔다 할 수 있습니다. 문제는 서로에게 상처를 주고받지 않을 정도의 거리는 유지하되, 관계의 모습은 서로가 편한 대로 제각각 만들어가야 한다는 것입니다. 꼭 함께 시간을 많이 보내야만 가까운 사이는 아니죠. 꼭 무언가를 함께해야만 돈독한 사이인 것도 아니고요. 가끔 만나도 어제 만난 듯 편하고 얘기가 잘 통하는 사람, 이런 사람이 좋은 친구가 아니라고 말할 수 있나요?

농담이라며
되도 않는 소리를 해서
너무 짜증나요

한 달에 한 번씩 친한 사람 넷이서 어울리는 모임이 있는데, 그중 한 명이 껄끄럽습니다. 제가 장난으로 자학 개그를 한 적이 있는데, 그 후로 만날 때마다 그 내용을 가지고 저에게 농담이라며 상처 주는 말들을 합니다. 웃으면서 넘기긴 하지만, 어떨 때는 분하고 서글프기까지 해서 기분이 가라앉습니다. 다른 두 사람과는 잘 지내고 있어서, 제가 그 모임에 갑자기 빠지면 다들 기분이 상할까 봐 이러지도 저러지도 못하고 있어요. 걱정입니다.

남 먼저 생각하느라

H는 알찬 하루하루를 보내고 있지만, 여자친구가 없다는 점이 남모를 고민거리입니다. 그러다 최근 다니는 요리 교실에서 한 달에 한 번 친한 사람끼리 모여 식사를 하는데, "요리해서 먹일 사람도 없는데, 솜씨만 좋아지겠네" 하고 자학 개그를 했다고 합니다.

그런데 그 후로 무슨 이야기만 나오면 "여자친구도 없는데" 하고 놀리는 사람이 있어 상처를 받는다고 했습니다. 식사 모임은 좋지만, 그 사람 말이 늘 가슴을 후벼 파서 더는 가고 싶지 않다고요. 그러다가도 곧 '내가 빠지면 다른 사람들한테 미안하잖아' 하는 생각이 든다고 합니다. 결국 늘 제자리걸음이라 어떻게 해야 할지 고민이라고 했습니다.

쓸데없는 말을 하는 사람은 어딜 가나 꼭 있죠. 눈치 없이 말을 멈추지 않는 아주머니부터 분위기 파악 못 하는 친구, 무드를 깨뜨리는 연인까지, 말 한마디로 그 자리를 망쳐버리는 사람은 수시로 나타나 우리를 답답하게 합니다.

듣는 사람은 "왜 저 사람은 쓸데없는 말을 해서 나한테 상처를 줄까?" 하고 괴로워하지만, 정작 말하는 사람에게는 악의가 없을 때가 많습니다. 그 가벼운 농담 한마디에 누군가가 상처

받으리라고는 생각조차 못 하죠. 따라서 내 마음의 목소리에 귀를 기울이려면 쓸데없는 말을 하는 사람을 보며 '나한테 왜 저럴까?' 하고 생각하지 말고, "이렇게 하면 어떻게 될까?" 하고 자문해봐야 합니다.

'마음껏'의 행복

자기주장을 하기 힘들어하거나 아예 못 하는 사람이 의외로 많습니다. "고집 부리면 안 돼!"라는 훈계를 부모님이나 선생님에게 들으며 자란 사람일 수도 있고, 자기주장이 강하면 미움받는다는 사실을 경험적으로 강렬하게 인식한 후 남의 말을 잘 듣게 된 사람일 수도 있습니다.

미국 펜실베이니아 대학교University of Pennsylvania에 재직 중인 심리학자 조나단 베르만Jonathan Z. Berman 교수와 데보라 스몰Deborah Small 교수가 공동 집필한 논문 〈아집 없는 이기심 *Self-interest without Selfishness*〉에는 흥미로운 연구 결과가 실려 있습니다.

연구진은 실험 참가자들을 세 그룹으로 나눠 각각 3달러씩 지급했습니다. 그리고 첫 번째 그룹에게는 유니세프에 기부하도록 하고, 두 번째 그룹에게는 저금을 하게 했습니다. 그리고 세 번째 그룹에게는 쓰고 싶은 대로 쓰라고 지시했습니다. 그렇게 모두 돈을 쓴 다음, 각자 얼마나 행복을 느꼈는지 측정했습니다.

그 결과, 3달러를 쓰고 싶은 대로 쓴 그룹이 가장 큰 행복을 느꼈습니다. 유니세프에 기부한 그룹은 사실 그 돈을 마음대로 쓰고 싶었지만 주어진 제약으로 인해 그럴 수 없었고, '남을 돕는 것은 행복한 일'이라고 스스로를 설득하는 과정에서 실제로 그러지 못한 자신을 발견하곤 죄책감을 느꼈다고 합니다.

물론 '내가 하고 싶은 일'보다 '남을 위한 일'이 자연스럽게 우선한다면 더할 나위 없겠죠. 하지만 속마음은 그렇지 않은데 억지로 남을 위해야 한다면, 차라리 내가 하고 싶은 대로 마음껏 하는 편이 더 행복하지 않을까요?

나를 먼저 배려할 것

저는 H에게 물었습니다.

"앞으로 1년 동안 더 참는다면 어떤 일이 벌어질까요?"

"언젠가 폭발해서 '그런 말 좀 그만하세요!' 하고 반격할 것 같아요."

"폭발하기 전에 무엇을 할 수 있을까요?"

"저보고 그 사람한테 그런 이야기를 하라고요?"

"폭발하는 것보다 낫지 않아요?"

H는 갑자기 말문이 막힌 듯했습니다.

"그런 생각은 안 해봤어요. 잘못하면 모임이 깨지지 않을까요?"

"모임이 깨진다고 큰일 나나요? 지금 가장 스트레스받는 사람은 당신이에요. 나 자신만 먼저 생각해봐요."

H는 난감한 표정을 지었습니다. 정말 착한 분이었어요. 저는 그에게 다른 질문을 던졌습니다.

"당신이 모임에서 빠진다고 하면 어떻게 될 것 같아요? 모임 멤버들 반응이 어떻게 될까요?"

"다들 왜 그러냐고 할 텐데…. 그 사람한테는 일이 바쁘다고 둘러대고, 다른 분들한테는 사실대로 말할 수 있을 것 같아요. 다들 엄청 착해서 분명 이해해줄 거예요."

대답을 들어보니 그 모임에 계속 나가봐야 좋을 일도 없고, 그가 빠진다고 해도 아무 문제없을 상황이었습니다.

우리가 가장 먼저 배려해야 할 대상은 바로 나 자신입니다. 내가 행복하지 않은 상태에서 주위 사람들을 배려하다 보면,

그들에게도 억지로 애쓰는 느낌이 어떻게든 전해집니다.

남의 기분이 상할지도 모른다는 것은 어디까지나 가능성에 지나지 않습니다. 게다가 문제가 어느 정도인지 정확히 파악하지도 않고, 무조건 기분 상하게 하는 일을 피하려고만 하는 것은 어리석은 행동입니다.

하지만 이런저런 생각을 하다 보면, 무척 커다란 문제가 일어날 것만 같아 불안해지죠. 어떤 선택을 해야 할지 망설여질 때는 스스로에게 이런 질문을 던져요.

"그 관계를 끊으면 어떤 일이 벌어질까?"

이 질문의 답을 찾다 보면 스스로 수긍이 가는 결정을 내릴 수 있습니다.

그리고 여담이지만, 자학 개그는 하지 마세요. 자학 개그는 말 그대로 나에게 상처를 입히는 위험한 짓입니다. 게다가 이 말을 들은 사람은 '아, 저 사람에게는 장난으로 저런 말을 해도 되는구나' 하고 오해할 우려도 있습니다. 내가 나에게 상처 주는 것도 모자라, 남도 나에게 상처 줄 수 있는 상황을 만드는 셈이죠. 서로 존중하는 친구 관계를 가꾸어가고 싶다면, 자학 개그는 머릿속에서 지워버리시길 바랍니다.

선 긋기의 기술

▶ 마음과 생각 일치시키기

마음 "분하고 서글퍼……."
생각 "내가 말을 잘못 꺼냈다가 모임이 깨지면 어떡해?"

상처가 되는 말을 듣고 난 후, 화가 나고 서글픈데도 주위 사람들을 먼저 배려하는 따뜻한 분이로군요. 하지만 정작 자기 자신에 대한 배려는 부족한 듯합니다. 세상에서 가장 든든한 내 편은 바로 나입니다. 고작 기분 상할 가능성이 있을 뿐인데, 그 가능성 하나 때문에 나를 희생해가며 주위 사람들을 배려할 필요는 없습니다.

▶ 나에게 던지는 질문

"그 관계를 끊으면 어떻게 될까?"

— 모임에서 같이 어울리는 정도의 친구와는 딱 그만큼의 거리를 두고 정확히 굵은 선을 그으면 됩니다. 그 선을 넘어오는 수준의 인신공격성 발언이나 과한 농담은 나 자신에게 너무나 해롭습니다. 그 친구에게 내가 기분 나쁘다는 것을 정확히 알려주세요. 나 때문에 모임이 깨지면 어떡하냐고요? 그럴 리 없거니와 설령 그 모임이 깨진다 해도 지구가 멸망하지 않아요!

— 사실 실없는 농담을 던지는 사람은 대부분 악의는 없지만 눈치 없는 스타일일 수 있어요. 그런 사람의 이야기는 대수롭지 않게 넘기는 것이 최선이지만, 계속해서 내게 이런저런 말들로 스트레스를 준다면

그 사람과 멀어지는 게 좋아요. 설명을 해준다고 해도 그때뿐, 성격이 달라지진 않는 법이니까요. 그냥 나랑 안 맞는 사람이라 생각하고 절취선을 그어주세요.

— 그래도 도저히 남에게 싫은 소리를 못 하겠다면, 그냥 그 모임에서 나오세요. 나 한 명 모임에서 빠진다고 큰일 나지 않아요. 그 모임에 이대로 멀어지기 아쉬운 친구가 있다면 연락해서 다른 자리에서 따로 만나면 되죠.

친구가 별로 없다 보니 불만이 있어도 참게 돼요

저는 가끔 연락을 주고받는 친구가 몇 명 있을 뿐, 친구가 거의 없습니다. 그중 한 친구가 주로 불평거리나 고민이 있을 때 저한테 연락을 하는데, 막상 제가 이야기하고 싶을 때는 무시합니다. 얼마 전에는 많은 사람을 불러 생일파티를 열면서도 저만 초대하지 않아 충격을 받았습니다. 왜 초대를 안 했느냐고 따지고 싶은데, 그랬다가 그 친구마저 없어지면 너무 외로울 것 같습니다.

아무도 없을 때보다 더 외로워

I는 예전 직장에서 함께 근무했던 한 동료와 지금도 연락을 하며 지냅니다. 워낙 낯을 많이 가리고 소심한 성격이라, 대화 상대가 주변에 그 사람뿐이어서 잘 지내려고 노력하고 있죠. I에게 그 동료는 꼭 필요한 친구였습니다.

상대도 "이런 얘기까지 할 수 있는 사람은 I씨뿐이야"라고 말은 하는데, 주로 자기가 필요할 때만 연락을 한다고 합니다. 더구나 그 동료가 많은 사람을 부른 생일파티에 자기만 초대하지 않았다는 사실을 뒤늦게 알고는 큰 충격에 휩싸이고 말았습니다.

저는 I에게 그 사람을 좋아하느냐고 물었습니다. I는 조금 생각하더니 이렇게 대답했습니다.

"싫지는 않은데, 잘 모르겠어요. 워낙 친구가 없어서 그런 사람도 저한테는 귀한 존재예요."

대화를 나누다 보니, I는 늘 상대의 말을 공감하며 들어주는 따뜻한 사람이라는 걸 알 수 있었습니다. 언젠가는 이런 I를 아껴주고 I와 성격도 더 잘 맞는 친구가 나타나리란 예감이 강하게 들었죠.

저는 I에게 물었습니다.

"그 사람하고 이대로 관계를 이어나가면 어떻게 될까요?"

"음……. 아무래도 같은 일이 반복되겠죠. 차라리 처음부터 친구가 아니었다면 힘들지도 않을 텐데."

"그 사람이 사라지면, 많이 외로울까요?"

"아무래도 그렇지 않을까요? 전 가뜩이나 알고 지내는 사람이 몇 없거든요. 더구나 지금은 프리랜서라서 정기적으로 만나는 동료도 없고요."

"그 사람과는 자주 만나나요?"

"꼭 그렇진 않아요. 서너 달에 한 번쯤 만나나? 그 정도예요.

"만났을 때는 어떤가요? 즐거운가요?"

"글쎄요. 오랜만에 만나니까 반갑긴 한데, 아주 편하진 않은 것 같아요. 가끔 위화감이 들기도 해요."

"그 사람이 자기 이야기만 하고 내 이야기는 안 들어준다고 했죠? 생일 파티에도 초대하지 않았다고 했고요. 그럴 때 어떤 느낌이 들었어요?"

"무언가 소외되는 것 같고…. 외로웠어요. 그러고 보니, 아무도 없어서 외로운 것보다 그 사람이 곁에 있어서 더 외로웠던 것 같네요."

I는 쓸쓸해 보이는 표정이었습니다.

"그럼 앞으로 어떻게 하시겠어요?"

"가만히 있으면 아무것도 달라지지 않으니까, 조금 떨리긴 하지만 왜 생일파티에 초대 안 했는지 물어볼래요. 그리고 얼버무리기 전에, 앞으로 나한테 필요할 때만 연락하지 말라고도 말하고 싶어요."

근거 없는 불안에 속지 말 것

행동경제학에서 말하는 '프로스펙트Prospect 이론'은 이익이 발생할 확률과 손해가 발생할 확률이 동시에 존재하는 상황에서, 인간이 어떻게 의사결정을 하는지 밝혀낸 모델입니다. 그 이론에 따르면, 인간은 '손실을 피하고 확실하게 이익을 얻을 수 있는 길'을 선택한다고 합니다. 또한 지금 가지고 있는 것을 잃을 확률이 있으면, '어떻게든 잃지 않는 길'을 선택하는 경향이 있다고도 하죠.

이처럼 잃기 싫다고 느끼는 것이 당연하다고 생각하면, 조금은 마음이 편해지지 않을까요?

지금 가지고 있는 무언가를 잃게 될까 두렵고 불안할 때, 우리의 뇌는 그런 일이 벌어지지 않게 하려고 여러 이유를 생각해냅니다. 그 이유가 객관적 사실을 바탕에 두고 있다면 좋은 판단 재료가 되겠지만, 그저 근거 없는 망상일 때도 많습니다. 그럴 때는 자신에게 이런 질문을 던져보세요.

"그런 관계를 이대로 지속하면, 어떻게 될 것 같아?"

I는 관계가 끊어지는 것보다 지속하는 편이 훨씬 외로우리란 사실을 깨달았습니다. 물론 관계를 지속하는 편이 좋을 때도 있죠. 그럴 때는 앞으로 어떤 관계를 쌓아나가고 싶은지 그려본 다음, 그런 관계를 쌓기 위해 내가 할 수 있는 일을 하면 됩니다. 관계를 돈독히 하고 싶은 마음을 상대에게 전하는 일도 그중 하나겠죠?

마음을 나눌 수 있는 친한 친구가 없어서 외로운 순간도 분명 있을 겁니다. 하지만 서로 마음이 편해야 진짜 친구입니다. I는 혼자만 마음이 불편했으니, 둘 사이는 진정한 친구라 말하기 어렵습니다.

선 긋기의 기술

▶ 마음과 생각 일치시키기

마음 "난 좋은 친구로 대했는데, 실망했어. 충격적이야."
생각 "사적으로 연락하고 지내는 사람이 없으면 외로워."

사람들은 종종 '지금 가지고 있는 것'을 잃을까 봐 두렵고 불안하면, 그것을 지키려고 핑계를 댑니다. 특히 외로움을 핑계로 댈 때도 많죠. 이럴 때는 마음의 손을 더 높이 들어줘야겠네요.

▶ 나에게 던지는 질문

"그 관계를 이대로 지속하다 보면, 어떻게 될 것 같아?"

— 몇 없는 친구라 더 소중하다는 생각, 해보신 분 많을 거예요. 문제는 상대도 같은 마음이어야 하는데, 그런 것처럼 보이지 않을 때죠. 섭섭한 마음이 들 만한 사건이 생겼을 때는 어떻게 해야 할까요? 무조건 곧바로 이야기하는 것이 좋습니다. 어쩌면 나의 오해에서 비롯된 일일 수도 있거든요.

— 내가 섭섭했던 이유에 대해 듣고서도 친구의 태도가 달라지지 않는다면, 지금 당장 굵은 선을 긋고 딱 그 정도의 관계만 유지하세요. 그런 상대에게는 더 이상 내 정성을 낭비할 필요가 없습니다.

— 친구가 없으면 외롭다'란 말은 정말 사실일까요? 물론 진정한 친구는 인생을 사는 데 없어서는 안 될 중요한 요소 중 하나입니다. 하지만

친구가 적거나 없다고 해서 꼭 외로우리란 법은 없어요. 혼자서 외로움을 많이 느끼는 사람은 친구가 많아도 외로움을 느끼는 법입니다. 혼자 있는 시간을 즐기는 법을 좀 더 고민해보세요.

— 인생을 살다 보면 새로운 학교에 가거나 이사를 하거나 이직을 하는 등 생활 터전이 변할 때마다 새로운 사람을 만나게 마련입니다. 그렇게 많은 시간이 흐르다 보면 결국 한때 친하게 지냈던 사람과 멀어지기도 하고, 만난 지 얼마 안 된 사람과도 깊은 사이가 될 수 있습니다. 물 흘러가듯 인간관계도 흘러가는 것이라 생각하면 조금 마음이 편해지실 거예요.

잘나가는 친구들을
볼 때마다
주눅이 들어요

최근에 주로 SNS에서 동창들과 소통을 하고 있습니다. 어떻게 지내는지 근황도 늘 확인하는데, 부럽고 질투 날 정도로 잘나가는 친구가 많습니다. 그런데 저는 일이나 일상생활 모두 신통치 않아서 그런 친구들을 볼 때마다 주눅이 듭니다. 학창 시절에는 내가 더 잘나갔는데……. 차이가 점점 더 벌어질 거라 생각하면 자신감이 떨어지고 초조하기만 합니다.

칭찬받는 기분

저도 비슷한 경험이 있습니다. 고등학교 때는 외모가 빼어난 친구들이, 대학교 때는 공부는 물론이고 운동에 노는 것까지 잘하는 친구들이 잔뜩 있었죠. 사회에 나가서는 20대부터 잘나가는 동창이 대부분이었습니다.

젊을 때는 주눅이 들어서 그런 잘나가는 친구들과 일부러 거리를 두거나 '어차피 난 안 돼' 하고 생각했는데, 지금은 마음이 편합니다. 나이가 든 덕도 있지만, '나 중심 선택'을 확실히 실천하기 때문입니다.

친구들과 자신의 상황을 비교해가며 절망에 빠진 J를 보다 보니, 젊은 시절의 제가 떠올랐습니다. 그렇다고 그에게 '나이를 먹으면 괜찮아질 거야' 같은 이야기를 해줄 수는 없는 노릇이었죠. 그래서 이렇게 물어보았습니다.

"이제껏 일을 하며 가장 기뻤던 순간이 언제였나요?"

"글쎄요…. 생각해보니 이것저것 떠오르네요. 그중에서도 고객과 한 팀을 이뤄서 진행한 프로젝트가 끝났을 때가 특히 기억에 남아요. 진짜 좋았거든요. 고객이 '당신이 내 담당이 아니었다면 성공하지 못했을 거예요. 일도 잘했지만, 당신은 이 프로젝트의 원래 목적을 가장 잘 이해하고 있었어요' 하고 말해줘서 정말 기뻤습니다."

"그 생각을 하고 나니 기분이 어떤가요?"

"기분이요? 좀 좋은데요."

J는 지그시 미소를 지었습니다.

"일하며 크게 칭찬받았던 경험을 하나만 더 떠올려보시겠어요?"

"지난번에 제가 올린 기획안을 보고 팀장님이 만족스러워했던 게 생각나네요. 원래 칭찬에 박하기로 유명한 분인데, 그때는 '잘했네. 형식만 좀 다듬어 봐'라고 하셨어요. 크게 칭찬받은 건 아니지만 정말 기분 좋더라고요."

J의 목소리가 높아지기 시작했습니다. 그러더니 이내 "아, 한 가지가 더 떠올랐어요"라면서 그동안 자신이 칭찬받았던 일들을 줄줄이 꺼내놓기 시작했습니다.

"어때요, 지금 기분?"

"이상하네요. 처음 여기 올 때만 해도 자신감이 떨어져 어떻게 해야 할지 몰랐는데, 지금은 기분도 좋아지고 의욕도 샘솟는 것 같아요."

"앞으로 그런 일이 많이 생기면, 자신감이 더 높아질까요?"

"네, 훨씬 자신감이 붙을 것 같아요!"

남 중심 선택은 이제 그만

'높은 지위와 연봉, 고급 외제차, 명품 시계 등이 잘나가는 증거'라고 믿는 사람이 많습니다. J도 정말 그렇게 믿었다면 초봉이 높은 회사에 취직하거나 남들이 부러워할 만한 사진을 SNS에 올리는 등, 이미 그런 방향으로 움직였을 테죠.

하지만 그렇지 않은 사람이 이제 와서 주눅이 드는 이유는, 자기도 모르게 각인된 남 중심 선택에 휘둘리기 때문입니다. 그렇게 남 중심으로 생각를 하며 남과 나를 비교해서 자신감을 잃는 것은 어리석은 일입니다.

일본 게이오기주쿠 대학교 마에노 다카시前野隆 교수는 행복을 과학적으로 분석한 책《행복의 메커니즘幸せのメカニズム》에서 행복이 다음의 네 가지 요소로 구성되어 있다고 보았습니다.

- '해보자!' 인자: 자기실현과 성장의 인자
- '고마워!' 인자: 인연과 감사의 인자
- '잘 될 거야!' 인자: 긍정과 낙관의 인자
- '나답게!' 인자: 독립과 주관의 인자

그중에서 '나답게!' 인자는 남과 나를 비교하지 않는 성향과 확실한 자아를 가지고 있음을 뜻합니다. 한마디로 '나 중심 선택'을 하게 하는 인자라고 할 수 있죠. 마에노 교수는 나 중심 선택을 하며 한 걸음씩 앞으로 나아가다 보면 행복까지도 자연스럽게 뒤따라온다는 사실을, 확실히 알려줍니다.

제가 J에게 일하면서 가장 기뻤던 때가 언제냐고 물어봤던 것은 스스로를 자랑스러워했던 순간의 느낌을 떠올리며 현재 나를 가득 채운 열등감을 몰아내고 자신감을 채우기 위해서였습니다. 좋았던 순간을 머릿속에 재현하는 것만으로 그때 그 순간의 기분, 냄새, 소리 등을 다시 한 번 느낄 수 있습니다. 그러면서 그 당시의 감정을 현재에 재현하게 되죠.

친구로 인해 열등감이 들 때마다 이런 회상을 통해 자신감이 최고조에 달했던 그 순간의 벅찬 기분을 계속해서 늘려나갈 필요가 있습니다. '지금 이 기분이라면 뭐든 할 수 있겠어!' 같은 마음이 들도록 자신감을 충전해나가는 것이죠. 궁극적으로 이는 나의 행복을 위한 첫걸음이 될 것입니다.

선 긋기의 기술

▶ 마음과 생각 일치시키기

마음 "질투 나고 부럽다. 내가 더 잘나갈 줄 알았는데…."
생각 "높은 직책과 연봉, 자동차와 손목시계가 잘나간다는 증거야."

이때 마음과 생각은 완벽히 일치하고 있습니다. 머리로는 친구의 성공 정도를 가늠하고 가슴으로는 온통 질투를 하고 있으니까요. 이 상태로는 계속 제자리걸음일 것 같네요. 좋지 않은 일치입니다. 마음과 생각, 어느 한 곳이라도 먼저 다른 방향으로 돌릴 필요가 있습니다.

▶ 나에게 던지는 질문

"일하면서 가장 기뻤던 순간이 언제야?"

— 누군가에 대한 질투는 곧 나 자신에 대한 열등감과도 연결됩니다. 따라서 내 안에 독버섯처럼 자라나는 열등감을 어떻게 없애버리느냐가 가장 중요합니다.

— 나에게 열등감을 안겨주는 친구가 있다면 그 친구와 나의 거리를 어떻게 설정할지 고민하기 전에, 내 마음 상태부터 점검해볼 필요가 있습니다. 친구와 나는 추구하는 바도 삶의 방식도 다를 수밖에 없습니다. 그런 친구와 나를 비교하는 건 의미 없는 짓이죠. 당최 자신감이 회복될 기미가 보이지 않는다면 내가 나를 자랑스럽다고 느꼈던 순간을 회상하며 그때의 그 뿌듯함을 다시 떠올려보시기 바랍니다.

— 이와는 별도로 수시로 자기자랑을 늘어놓는 친구가 있습니다. 이런 친구를 귀엽게 보면서 잘 받아주는 사람이 있는가 하면, 왜 저럴까 하며 상대하고 싶지 않다고 생각하는 사람도 있습니다. 여러분은 어느 쪽인가요? 각자 자기 성향을 고려해 스트레스받지 않을 만한 거리로 둘 사이를 벌리고 선을 그어보시기 바랍니다. 질투를 불러일으키진 않아도 나를 짜증나게 하거나 피곤하게 하는 친구라면 명확하게 선을 긋고 이를 상대에게도 인지시켜줄 필요가 있습니다.

4
직장 내 인간관계
2개의 선을 그리자

하루 중 가장 긴 시간을 보내는 직장. 이곳에서 얽힌 인간관계는 일은 물론이고 사생활에도 커다란 영향을 끼칩니다.

사랑에 빠지기 직전인 '썸 타는 사람'이 회사에 있을 때는 평소와 달리 월요일이 기다려지죠. 일하는 시간이 괜히 즐겁고 능률도 쑥쑥 올라갑니다. 반대로 직장에 어울리기 불편하거나 껄끄러운 사람이 있으면, 일 자체는 보람이 있더라도 매일 아침 회사로 향하는 마음이 무겁습니다.

직장 사람을 대하는 마음은 복잡하기 짝이 없습니다. 물론 같이 일할 때 재미있고 잘 통하는 사람만 있다면 문제없겠죠. 하지만 별로 내키지 않는 사람이라도 그가 날 좋아했으면 좋겠고, 그 사람에게 인정은 받고 싶은데 아부는 하기 싫은 마음, 여러분도 공감하시죠?

게다가 머릿속이 복잡할 때도 일에서 손을 놓을 수는 없습니다. 그러다 보면 퇴근할 때쯤엔 녹초가 돼서 "이제 업무에만 전념하고 그런 쓸데없는 일엔 신경 끌래" 하고 결심하죠. 하지만 다음 날이 되면 그런 결심은 온데간데없고 또다시 고민에 빠집니다. 정말 성가시죠?

직장 내 인간관계가 조금이라도 편해지면 삶의 질도 올라갑니다. 특히 직장에서는 상식에 얽매인 고정관념이나 통제할 수 없는 것을 통제하려는 욕심을 버려야 마음이 편해진다는 점을 꼭 강조하고 싶네요.

나를 너무나 화나게 하는 상사가 있어요

저 나름대로는 최선을 다해 일하고 있는데, 사사건건 지적하는 상사가 있어서 화가 납니다. 저는 성과를 올리는 데 가장 좋은 방법을 생각해서 하고 있는데, 번번이 본질에서 벗어난 사소한 일을 가지고 세세하게 파고들면서 잔소리를 해요. 그 탓에 일도 늦게 끝나고, 업무량이 많아져서 정말 짜증납니다.

나는 잘못하지 않았다는 생각

회사원 K는 아이디어가 풍부하고, 그 아이디어를 실현하기 위해 적극적으로 움직입니다. 하지만 서류를 작성하는 데는 재주가 없죠. 그런데 상사는 빈틈없이 일하기를 선호하는 사람이라, K가 아무리 좋은 기획을 해서 가지고 와도 정해진 절차에 따르지 않으면 잔소리를 합니다.

한번은 K가 "그래도 성과는 좋은데……" 하고 약간 언짢은 기색을 보이자, "상사를 대하는 태도가 그게 뭐야!"라고 소리치며 불같이 화를 냈다고 합니다. 누구보다 일을 진지하게 생각하는 K도 그때는 같이 화를 내고 말았습니다. 그러면 상사가 잘못을 깨달을지도 모른다고 생각했기 때문이죠. 하지만 생각과 달리, 그 이후 그는 상사의 끈질긴 설교에 시달려야 했습니다.

K는 자신의 마음의 목소리에 귀를 기울이고 화나는 감정을 확실히 느낀 데까지는 좋았지만, 그 화를 여과 장치 없이 직접 표현하는 바람에 상사의 더 큰 분노를 샀습니다. 그 결과, 자신의 도발로는 상사를 바꾸긴 어렵다는 사실을 깨달았죠. 저는 K에게 물었습니다.

"왜 화를 낸 거예요?"

"그동안 계속 참았거든요. 그래서 이제 한계다 싶기도 했고,

한번 그렇게 화를 내면 상사가 충격을 받든 해서 좀 달라질 거라 생각하기도 했어요."

"그런데 달라진 게 없었다는 거군요?"

"달라지긴커녕 더 나빠졌어요. 저를 무슨 어린아이 취급해요. 아침부터 저녁까지 잔소리 행진이에요."

"원래 일을 좋아한다고 하셨잖아요. 상사의 잔소리만 아니면, 회사 생활이 즐거울 것 같아요?"

"음……. 저에게는 제 아이디어를 실현해서 성과를 내는 일이 꽤 재미있어요. 그 일을 계속 해나갈 수 있다면 회사 생활이 즐거울 거예요."

유체이탈이 필요한 순간

중국 고사에 등장하는 '삼십육계三十六計 줄행랑'이란 말, 모두 들어보셨죠? 형세가 불리할 때는 이기기 위한 계책을 짜기보다 도망쳐야 할 타이밍을 잘 잡아서 몸을 지키는 것이 상책이라는 뜻입니다.

도망치는 것 또한 하나의 전략입니다. 이런 말을 들으면 부정적으로 생각하는 사람도 많지만, 힘이 넉넉히 남았을 때 빨리 도망치면 다음에 활용할 전략을 세우거나 더 중요한 일에 힘을 쏟을 수도 있어 좋습니다. 참고로, 저는 상대가 화를 내면 돌아서서 눈을 감아버리는 회피 전략을 여기저기에 자주 활용하고 있습니다.

잔소리쟁이 상사에게는 삼십육계 줄행랑 전략이 가장 주효합니다. 그 답을 제 입으로 말하기보다 K가 직접 찾도록 해주고 싶었습니다.

"본인이 진짜 원하는 일을 하려면 어떻게 해야 할까요?"

"지금 회사에서 좀 더 버텨야겠죠. 이 회사가 제 분야에서는 최고거든요."

"어떻게 버틸 건데요?"

"… 상사의 잔소리를 한 귀로 듣고 한 귀로 흘리는 거?"

"유체이탈이라도 하시게요?"

"그러네요, 유체이탈법을 쓰면 되겠네요. 상사가 꽥꽥 소리를 지르면 가만히 의식을 다른 곳으로 돌리는 거예요. 그리고 잔소리에서 해방되면 아낀 에너지를 모두 기획 보강하는 데 쓸 겁니다."

그 상황을 일단 넘기고 보는 방법은 진정한 해결책이 아닐 것 같지만 실제로는 그렇지 않은 경우도 많습니다. K가 말을 순순히 듣고 반발하지 않자 화낼 명분이 사라진 상사는 K의 성과를 있는 그대로 인정해줬습니다. 그렇게 상사의 태도가 너 그러워지자, K 또한 적대감이 들지 않아서 예전보다 일하기가 편해졌다고 합니다. 그 상황을 일단 넘긴 행동이 근본적인 해결책으로 이어진 셈이죠.

쓸데없는 노력은 그만

껄끄러운 상사가 있다고 해서 '상사를 불편해하면 안 되지. 내가 먼저 좋아하기 위해 노력해보자' 하고 일부러 애쓸 필요는 없습니다. '화가 나도 어쩔 수 없어'라고 생각하며 자기 감정을 있는 그대로 받아들이는 태도가 중요합니다. 그러면 오히려 화가 가라앉을 때도 많습니다.

상사에게 분노를 느끼고 싶어서 일하는 사람은 아무도 없을 거예요. 그러니 일단 "일을 통해 내가 진짜 이루고 싶은 건 뭘까?" 하고 자문한 다음, 여유를 가지고 마음의 목소리에 귀를 기울여보세요.

"자기는 ○○하면서" "△△ 하는 주제에"라며 남을 비난하고 나를 옹호하는 말은, 아무리 옳더라도 나의 마음과 생각을 동시에 무겁게 합니다. 이 말을 들은 상대는 분명히 반발할 겁

니다. 이럴 때 내가 진짜 이루고 싶은 일이 뭔지 알면 마음이 가벼워지고 때로는 한발 물러설 수도 있습니다. 내가 힘을 빼면, 상대도 자연스럽게 힘을 뺍니다. 그러면 당연히 관계가 좋아지겠죠?

안타깝지만, 사람을 바꿀 수는 없습니다. 우리가 할 수 있는 일은 내가 달라짐으로써 상대도 달라지길 기대하는 것뿐입니다. 통제할 수 있는 것과 없는 것이 무엇인지 각각 정리해본 다음, 통제할 수 없는 것은 내려놓으세요. 그리고 모든 에너지를 내가 진짜 하고 싶은 일에 쏟는 편이 현명하고, 마음도 더 편합니다.

껄끄러운 상사를 좋아하려고 노력하거나, 그런 상사에게 사랑받으려고 애쓸 필요 없습니다. 그런 상사에게 사랑받는다고 뭐가 좋겠어요. 상사와 매일같이 회식을 하거나 야근을 하거나 하겠죠. 그렇다고 상사에게 반발하는 게 답도 아닙니다. 정면으로 부딪혀서 힘을 낭비하지 않고, 상황을 더 편하고 쉽게 헤쳐갈 수 있는 길도 있으니까요. K가 상사의 잔소리를 그냥 흘려듣고 넘겼듯이, '전략적 도피'를 현명하게 활용할 줄 알아야 합니다.

선 긋기의 기술

▶ 마음과 생각 일치시키기

마음 "잔소리 듣기 싫어! 신경질 나!"
생각 "상사면 부하들보다 넓은 안목으로 살필 줄 알아야지. 본질에서 벗어난 사소한 문제에 집착하면 안 돼."

언뜻 보기엔 마음의 목소리가 잘 들리고 마음과 생각이 일치하고 있는 듯하지만, 이런 상태로는 능률도 오르지 않고 계속 마음이 무겁겠죠? '잘못이 있으면 고치게 해야지!' 하고 남을 억지로 바꾸려는 행동은, 내가 통제할 수 없는 것을 통제하려는 욕심과 같습니다. 아무리 애써도 이룰 수 없죠. '나는 잘못 없어. 다 상사 때문이야'라는 생각이 들어 화가 날 때, 사실 마음 깊은 곳에서 우러나온 목소리는 다른 말을 하고 있을지도 모릅니다.

▶ 나에게 던지는 질문

"진짜 하고 싶은 건 뭐야?"

— '상사의 잘못된 생각을 고치겠다' '그를 변화시키겠다'고 하는 욕심을 버리세요. 내가 할 수 있는 건 그저 그와 나 사이에 거리를 얼마나 둘지, 어떻게 선을 그을지 결정하는 것뿐임을 명심하세요.

— 좋은 상사를 만나기란 좋은 부모를 만나는 것만큼이나 힘든 일입니다. 사랑해서 만난 남편, 아내도 살다 보면 크고 작은 단점들이 눈에 들어오게 마련인데, 하루에 8시간 이상씩을 함께 지내는 상사는 오죽

할까요. 특히 고압적인 상사만큼 힘든 존재도 없는데요. 이들과는 2개의 선을 그어보세요. 하나는 사회적 가면이라 할 수 있는 사회적인 선(상사는 둘 사이의 거리가 가깝다고 느낄 거예요). 다른 하나는 심리적인 선(내 마음속에서 상사는 남보다 못한 존재죠).

— 그래도 힘든 일들이 생각보다 많을 거예요. 그럴 때는 내가 이 회사에서 이루고 싶은 게 뭔지를 생각하세요. 내가 원하는 것을 떠올리고 상사와의 심리적 거리를 철저히 지킨다면, 어느새 회사 생활을 즐기는 나 자신을 발견하게 될지 몰라요.

워커홀릭 상사와
일하다 보니
날마다 우울해요

일도 잘하고 유머 감각도 뛰어난 상사가 있습니다. 예전부터 제 롤 모델이었기에, 그분의 직속 부하 직원이 됐을 때는 정말 될 듯이 기뻤습니다. 그런데 막상 같이 일해보니 쉴 틈 없이 일하지 않으면 이분을 따라가기 어렵고, 당연히 다 잘해야 한다는 듯 저에 대한 기대치가 점점 올라가는 게 보여 부담스럽기만 합니다. 이제는 날마다 출근하는 게 우울할 정도입니다.

힘든 내색을 하지 않는 노력가

소문난 노력가 L. 학창 시절에는 현県 대회에서 상위권을 차지할 정도로 유도에 전념했고, 취직한 후에도 열심히 노력해 평소 동경하던 상사의 직속 부하직원으로 일하게 되었습니다. 남성 우위인 회사에서 유리천장을 부수고 거침없이 일하는 여자 상사를 보며 '나도 열심히 해야지!' 하고 의욕을 불태웠지만, 머지않아 날마다 야근을 해도 줄어들지 않는 격무에 시달리게 되었습니다.

"상사에게 일이 너무 많아서 힘들다는 이야기는 해보셨어요?"

"그분은 저보다 2배 정도 많이 일해요. 그렇게 엄청난 업무량을 소화하는 사람한테 어떻게 힘들단 이야기를 할 수 있겠어요."

L은 남의 속도 모르고 상사가 "일 재밌지?" 하고 물을 때마다 우울하다고 했습니다. 피로는 가실 기미가 보이지 않고, 매일 아침 출근하기 싫다고 생각하며 침대에서 몸을 일으킨다는 것입니다.

노력가 기질은 분명 장점입니다. 하지만 이를 발휘할 만한 상황이 아닐 때는 도리어 이 기질이 나를 궁지에 몰아넣기도 합니다.

"예전에도 지금처럼 몸과 마음이 힘들고 우울했던 적이 있었나요?"

"운동을 했을 때도 힘든 순간은 많았지만, 이렇게 그 시간이 길게 이어진 적은 없어요. 하지만 상사에게 저도 할 수 있다는 걸 보여주고, 인정받고 싶어요."

지금껏 L을 열심히 노력하게 한 원동력은 '자부심'이었습니다. 하지만 이번에는 자부심만으론 공허한 기분이 채워지지 않아서 힘든 것이었죠.

"유도 선수일 때랑 어떻게 달라요?"

"그때도 꽤 힘들긴 했는데, 그래도 운동 자체는 재미있었어요. 지금은 아침에 일어나는 건 물론이고, 퇴근하는 것마저 힘들어요. 하지만 어차피 일이란 게 다 그런 거니 상사를 실망시키고 싶지 않아요."

아무래도 L은 자신의 원동력이었던 자부심 위에, '상사를 실망시킬지도 모른다'는 불안감이 피어난 모양이었습니다. 이로 인해 억지로 일에 매달리게 되었고, 헝클어진 머릿속이 멈춰버린 듯했습니다.

저는 솔직하게 L에게 질문을 던졌습니다.

"이대로 계속하면 어떻게 될까요?"

잠시 생각하던 L은 이렇게 대답했습니다.

"앞으로 3년 정도면 상사에게 일하는 방식이라든지 여러 가지를 충분히 배울 것 같아요. 배울 만큼 배우고 나면 전 한층 성장해 있겠죠. 그래서 승진을 하든, 다른 회사에 스카우트되든 할 것 같아요."

"그 장면을 상상하면 행복한가요?"

"그럼요, 행복하죠!"

"이렇게도 질문해볼게요. 지금까지 일해온 방식과 속도대로 그분과 계속 일했을 때, 3년을 버틸 수 있을 것 같아요?"

"아…. 생각만으로 끔찍하네요. 피곤해서 쓰러지든지, 그보다 먼저 마음이 무너지든지. 아니면 큰 실수를 해서 동료들한테 민폐를 끼칠 것 같아요."

"그럼 어떻게 하면 좋을까요?"

"잘 모르겠어요. 어려운 문제이니 저보다 잘하는 선배나 동료들한테 조언을 구해볼게요. 그래도 해결이 안 되면 상사에게 직접 털어놔야죠."

저 상사처럼 살긴 싫어

저도 비슷한 경험이 있습니다. 두 번째 회사에서 만난 상사가 인간적으로는 좋은 사람이었지만 일하는 방식이 저와 맞지 않아서, 그와 함께 일하는 매일이 지옥과도 같았습니다. 저는 더 이상 버틸 수 없을 만큼 지쳤을 때 결국 휴직을 신청했습니다. 몸도 마음도 아픈 곳투성이였죠.

이후 복귀해서 다른 부서로 이동했습니다. 돌이켜보면 자신감을 잃고 휴직하기 전에 더 잘 대응했다면 좋았을 텐데, 하는 아쉬움이 남습니다.

열심히 해야 한다는 생각 때문에 머리가 멈춰버렸을 때는, 일단 그 생각으로 꽉 찬 머릿속을 깨끗이 비워내야 합니다. 단 하루만이라도 휴가를 내어 일에서 완전히 벗어나 보세요. 가까운 곳으로 여행을 떠나거나 좋아하는 사람과 만나 실컷 수다를 떨고 재미있는 영화를 보는 등 소소하게 기분 전환을 하는 것도 좋겠네요.

어느 정도 일에서 한 발짝 떨어진 후에는 스스로에게 질문을 던져봅니다.

"이대로 계속하면 어떻게 될까?"

만약 '조금 더 버틸 수 있을 것 같다' '버티고 나서 얻게 될 달콤한 결과가 너무나 기대된다' 같은 대답이 나온다면, 그렇게 해도 됩니다. 하지만 다음과 같은 대답이 나온다면, 어떻게 해야 할지를 다시 고민해봐야 할 거예요.

'워커홀릭 상사와 같이 일하다가 나도 똑같이 그렇게 살게 될 것 같아 두렵다.'

'내 인생의 가장 아름다운 젊은 시절을 회사에 고스란히 바치긴 싫다.'

'저런 상사와 계속 함께 일하다간 숨 막혀 죽을지도 모른다.'

어떤 일에서 성공하는 비결은 '계속하는' 것입니다. 지치지 않고 계속하려면 나에게 맞는 효율적인 방식을 선택해야 합니다. 이미 성공한 사람을 따라 해봤는데 계속하는 데 무리가 없었다면 그 방식이 나에게 맞는다는 뜻이지만, 계속하기 힘들었다면 또 다른 방식을 찾는 편이 좋습니다.

다이어트를 예로 들어볼까요? 어떤 사람이 한 달 동안 탄수화물을 섭취하지 않고 날마다 조깅 같은 유산소 운동을 해서 5킬로그램을 감량했다고 합시다. 하지만 야근과 회식이 많은 사람은 그 방법을 따라 하기 어렵습니다. 그보다는 칼로리 높은 맥주를 상대적으로 칼로리가 낮은 하이볼로 바꾼다든지 야근 전후에 샐러드와 닭가슴살을 먹는 등 자기 생활에 맞는 방법을 실천하는 편이 현실적이죠.

나다운 방법을 찾는 과정은 의외로 즐겁습니다. 아직 실천해보지 못한 방법이 셀 수 없이 많으니, 설사 지금 시도한 방법이 효과가 없더라도 실망하지 마세요. 다음에 또 다른 방법으로 해보면 되니까요.

힘들다고 해서 능력이 없는 건 아냐

힘들다고 소리치는 마음의 목소리를 받아들이면, '난 이번에도 잘 해낼 수 있어!' 하고 자신을 채찍질하던 자부심이 옅어집니다. 그러면 생각과 마음이 협력해서, 상사의 방식이 아니라 내가 정말 잘할 수 있는 방식을 이끌어냅니다. 마음의 목소리에 귀를 기울이고 '나를 채찍질하는 자부심'이라는 방해물을 치우면 시야가 넓어집니다.

상사에게 인간적인 불만은 없고 사이도 괜찮은 편일 때, 문제를 풀어가는 게 더 어려울 수 있습니다. 자칫 상사에게 "당신처럼 워커홀릭으로 살고 싶진 않아요"라는 말을 꺼내기가 왠지 미안하고 죄책감이 느껴질 수 있기 때문이죠. 그러나 일을 많이 한다는 것 외에 다른 불만은 없을 만큼 상사가 말이 통하는 사람이라면, 충분히 고민을 이야기해볼 수 있습니다. 상사의 반응을 미리 지레짐작할 필요는 없다는 거예요.

이야기를 했는데도 상사가 "우리 회사, 우리 팀은 이 정도의 일을 소화할 수밖에 없어"라고 말한다면 인사 담당자와 상의해 보세요. 그래도 문제가 여전히 해결될 기미가 보이지 않는다면, 조금 일거리가 적은 직장으로의 이직을 고려해봐야 할 것입니다.

모든 회사를 일률적으로 규정할 수는 없습니다. 야근이나 잔업이 원래부터 많은 직종이 존재하는 게 현실이기 때문이죠. 그러나 대부분의 사무실을 살펴보면, 야근하는 사람들만 늘 야근을 합니다. 팀장이 매일 야근하는 팀은 팀장의 눈치를 살피며 팀원들도 어쩔 수 없이 같이 야근하기 일쑤고요. 그런데 이런 팀에도 꼭 별종이 하나씩 있어서, 누가 야근을 하든 말든 당당하게 퇴근하는 분들이 있어요. 우리가 그런 사람이 될 순 없는 걸까요?

이 세상에서 내 마음의 목소리를 들을 수 있는 사람은 나뿐입니다. 스스로를 속이고 억지로 애써봐야 괴로움이 길게 이어지면 어디서든 탈이 나게 마련입니다. 자존심이나 죄책감이 마음의 목소리를 가로막고 있다면, 스스로를 자유롭게 놓아주세요. 힘들다고 솔직하게 인정해도 여러분의 능력은 달라지지 않습니다. 나에게 맞는 방식으로 조금 천천히 나아가도 늦지 않습니다.

선 긋기의 기술

▶ 마음과 생각 일치시키기

마음 "피곤해. 힘들어. 상사처럼 워커홀릭이 되고 싶진 않아."
생각 "힘들다고 말하고 싶지만, 지금껏 열심히 해왔으니까 앞으로도 잘할 수 있을 거야."

마음은 피곤한 몸 상태를 백분 이해합니다. 휴식이 필요하다고 절규하네요. 그런데 생각은 더 버텨야 한다고 말합니다. 지금까지 잘해왔다고 마음을 설득하려 하면서요. 과연 설득이 될까요? 지금까지 잘해왔다고 앞으로도 잘할 수 있다는 건 맞는 논리가 아니지요. 옛날은 옛날, 지금은 지금. 좀 더 현재 내게 필요한 것이 무엇인지 고민하고, 그에 맞춰 마음과 생각이 움직여야 하겠네요.

▶ 나에게 던지는 질문

"이대로 계속하면 어떻게 될까?"

— 능력 좋고 언제나 인정받는 상사. 그 사람을 동경하지만 결코 그 사람처럼 워커홀릭이 되고 싶진 않습니다. 그러기엔 세상에는 재미난 것이 너무 많으니까요. 그렇다면 그 상사와 나의 사이에는 두 가지 선을 그어보세요. 인간적으로 괜찮고 가까이하고 싶은 사람이니까 사적인 거리는 좁게, 너무 많은 일을 단시간에 해내는 방식은 나와 결코 맞지 않으니까 공적인 거리는 조금 멀리 잡아보는 겁니다.

— 선 긋기보다 중요한 것은 이런 내 마음을 상사에게 전달하는 것이겠죠. 제일 좋은 것은 이런 상사에게서 벗어나 내 페이스대로 일할 수 있는 팀에 들어가는 것입니다. 하지만 그게 힘들다면, 회사에 솔직하게 밝히고 중재할 수 있는 방법을 찾아야 합니다.

— 상사만큼 많이 일하지 않는다고 해서 내가 열심히 하지 않는다든가 상사에게 반항하고 있다는 생각은 버리세요. 각자 자기에게 맞는 방식대로 일하고, 그만큼 성과를 내고, 그만큼 대가를 받으면 그뿐입니다. 회사와 나 사이에는 딱 그만큼의 거리가 필요한 것 아닐까요?

동료들 사이에
잘 끼지를
못하겠어요

동료들이 모여서 즐겁게 대화를 나누고 있을 때 그 틈에 끼어들기가 힘듭니다. 업무 이야기를 하는 데는 아무 문제가 없고 일대일로는 사적인 이야기도 곧잘 하는데 말이죠. 애써 아닌 척하지만 솔직히 소외감도 느낍니다. 사무실에서 이렇게 다른 동료들과 잘 어울리지 못하는 사람은 저뿐인 걸 보면, 역시 저한테 문제가 있는 거겠죠?

사실은 문제가 아닐 수도 있지

M은 사무직으로 갓 일을 시작한 사회 초년생입니다. 여자 직원이 상대적으로 많은 직장으로, 다 함께 점심을 먹으러 가거나 모여서 수다를 떨 때가 많습니다. 그런데 M은 그 틈에 끼어들기가 힘들고, 설사 끼어든다 해도 얼굴이 굳어지고 마음이 불편하다고 합니다.

저는 M에게 물었습니다.

"회사에서 가끔이라도 사적인 이야기를 나누는 동료가 있나요?"

"네, 다른 부서 사람인데 쉬는 시간에 우연히 마주치면 잠깐 수다를 떨어요. 그리 자주는 아니지만, 취미가 같아서 주로 그 이야기를 하죠. 그 정도가 딱 좋은 것 같아요."

"그럼 동료들 틈에 끼지 못하는 게 정말 문제일까요?"

"……."

M은 조금 놀라면서도 안도하는 듯한 표정을 지었습니다.

제가 코칭 훈련을 받을 때, 존경하는 선생님이 수업 시간에 코칭하는 모습을 직접 보여준 적이 있습니다. 코칭 대상자 역할을 맡은 사람이 "상대방으로부터 상식적으로 봤을 때 취해야 하는 행동이 나오지 않아서 힘들다"라고 털어놓자, 선생님은 이렇게 물었습니다.

"그게 문제가 되나요?"

"…… 아니요, 큰 문제는 아닙니다."

그 짧은 대화만으로 문제가 해결되는 모습을 보고, 저는 충격을 받았습니다.

한번 고민에 빠지면 벗어나기 어렵지만, 사실 많은 고민이 "그게 문제가 되나요?"라는 한마디로 해결되기도 합니다.

그래도 사람들 틈에 끼고 싶어

여러 동료들 사이에서 혼자만 둥둥 떠 있는 섬 같다고 느낄 때, 소외감을 느끼지 않는 사람은 드물 거예요. 인간은 사회적 동물이라, 세 명이 모였을 때 두 명만 서로 긴 대화를 나눠도 나머지 한 명은 소외감을 느낀다고 합니다. 그러니 속으로는 끙끙대면서도 겉으론 괜찮은 척하지 마시고, 일단 내 안에서 나를 괴롭히는 소외감의 존재를 인정할 필요가 있습니다. 그다음에 자문해보세요.

"그게 문제가 될까?"

네, 그럴 수도 있습니다. 하지만 그럴 가능성은 극히 드물죠.

내가 불편하면 불편한 겁니다. 생활하거나 일하는 데 지장만 없다면, 억지로 그 무리에 낄 필요는 없습니다. 예를 들어, 그 무리가 함께 점심식사를 하는 집단이라면 도시락을 싸오거나 해서 자연스럽게 빠질 수 있다는 것입니다.

동료들 틈에 끼어 보니 힘들고 불편한데도, 막상 혼자 있으면 안 될 것 같은 불안감이 느껴지는 이유는 뭘까요? '동료니까 당연히 같이 어울려야지' '왕따라고 오해하면 어떡해' '밝고 재미있는 사람처럼 보이고 싶어' 하는 마음 때문 아닐까요? 굳이 그 틈에 끼어들 필요가 없으면 '남들이 어떻게 보든 무슨 상관이야?' 하고 대담하게 생각하세요. 그러면 놀라울 정도로 마음이 편해집니다.

그래도 사람들 틈에 끼고 싶을 때는 내가 할 수 있는 선에서 무슨 행동을 할지 고민해봅니다. 하루에 한 번 동료에게 말을 건다거나 즐거운 자리를 만들어서 초대하면, 서서히 사람들 틈에 녹아들 수 있습니다. 여러 사람과 어울리는 게 힘들다면, 한두 명과 조촐한 모임을 가져보는 것도 방법입니다. M이 처음에 일대일로는 사적인 이야기도 곧잘 한다고 한 걸 보면, 그는 여러 사람과 어울리는 걸 좋아하지 않을 뿐 사람과 어울리는 것 자체를 부담스러워하는 타입은 아닐지 모릅니다.

그럼에도 마음만큼 행동이 따라오지 않는다면, 사람들 틈에 끼고자 하는 소망이 진심이 아닐 수도 있으니 마음의 목소리에 다시 한 번 귀를 기울여보세요.

선 긋기의 기술

▶ 마음과 생각 일치시키기

마음 "동료들 틈에 끼어들기가 정말 힘들어."
생각 "사람들이랑 사이좋게 지내지 않으면 모두들 이상하게 쳐다보겠지?"

모여 있는 사람들 틈에 끼어들기, 저도 참 힘들어하는 일입니다. 학교는 물론이고 회사에 다닐 때도 왠지 나만 겉도는 느낌이 들어 조바심이 났는데, 어느 순간부터 편해졌습니다. 마음과 생각의 목소리를 뛰어넘는 대담한 방향으로 선택 기준을 바꿨기 때문이죠.

▶ 나에게 던지는 질문

"그게 정말 문제일까?"

— 회사생활을 하다 보면 동료들과 자기 사이에 확실한 거리를 두고 정확히 선을 긋는 분들이 있습니다. 회식 등을 피하고 사적인 자리에 절대 참석하지 않으려는 분들인데요. 우리 대부분은 그러지 못합니다. 괜히 모여 있는 자리에 가지 않으면 나만 소외될까 두려운 거죠. 그

두려움의 본질을 들여다봐야 합니다.

— 나만 다수로부터 멀어질까 두려워하는 마음은 당연한 것이지만, 이 두려움을 뛰어넘는 순간 놀랍도록 편안한 세계가 펼쳐집니다. 회사 사람들과의 모임이나 업무 외 자리를 갖는 걸 무 자르듯 거절하라는 것이 아니에요. 그 자리가 불편하거나 다른 약속이 있는데도 무리해서 끼려고 하지 말라는 것입니다.

— 회사 사람들과의 사이에 선을 그을 때 주의할 점은 '내가 무리하지 않는 수준'이어야 한다는 겁니다. '이것도 업무의 연장이니까'란 생각으로 무리하게 회사 사람들을 내 곁에 끌어들이지 마세요. 그렇게 하지 않는다고 나를 욕하는 사람 없으니까요. 설령 욕하는 사람이 있어도 그건 그 사람의 문제이지 내 문제는 아닙니다. 걱정할 것 없어요. 아무 일도 일어나지 않을 테니까요.

일을 제대로
못 해내는
후배 때문에 난감해요

일을 잘 못 하는 후배가 있습니다. 지식이나 경험이 부족해서 못 하는 건 어쩔 수 없죠. 그런데 시키는 일도 제대로 못 끝내고, 차분하게 주의를 줘도 반성하는 기미가 없습니다. 쭉쭉 커나갔으면 좋겠는데 아무 의지가 없는 모습을 보면 화가 납니다. 후배도 그런 제 마음을 느끼는 것 같은데, 어떻게 해야 할지 모르겠습니다.

과제를 분리해보기

제조업체에서 일하는 N은 좋은 물건을 만들기 위해 끊임없이 성장하겠다는 목표를 갖고 있습니다. 그와 달리, 얼마 전 입사한 후배는 전혀 의욕이 없고, 지시한 일조차 제대로 끝내지 못하는 경우가 비일비재합니다. 먼저 질문도 하지 않고, N이 기껏 설명해주면 잊어버립니다. 참고가 될 만한 책을 빌려줬지만 본 체도 안 하고, 최근에는 회사가 비용을 부담하는 세미나를 소개했더니 "그날은 친구랑 놀러가기로 했어요"라는 대답이 돌아왔습니다.

'휴일에 놀러간다는데, 내가 참견할 문제는 아니지.'

생각은 그렇게 했지만, 그간의 일들이 떠오르자 N은 화가 치밀었습니다. 그러다 보니 후배를 볼 때마다 불쾌한 기색이 얼굴에 드러나고, 후배의 실수가 이어지면 자기도 모르게 소리도 친다고 합니다.

'일을 빈틈없이 잘 했으면 좋겠어.'

'<u>스스로</u> 생각해서 행동했으면 좋겠어.'

'성장하려고 노력했으면 좋겠어.'

지도하는 입장인 선배 대부분은 그렇게 바라지만, 그 기대에 부응할 수 있는 후배는 그리 많지 않게 마련입니다.

N은 짜증을 줄이고 후배한테 화를 내지 않기 위해 제 강의를 들으러 왔습니다. 저는 N에게 기시미 이치로岸見 一郎의 책 《미움받을 용기嫌われる勇氣》에 등장하는 '과제의 분리' 개념에 대해 설명해주었습니다.

 심리학자 알프레드 아들러Alfred Adler가 말한 과제의 분리는 '그 과제가 누구의 것인지' 명확히 함으로써 적절한 대응 방법을 모색한다는 것입니다. 가령 아이가 공부를 하지 않아 부모가 화를 낸다면, 그것은 '공부를 하지 않는 아이의 과제'가 아니라 '화를 내는 부모의 과제'입니다. 화가 나는 감정을 아이가 공부하지 않는 것과 분리하고, 그 감정을 어떻게 해소할지만 생각하면 된다는 것이죠.

 과제의 분리 개념에 대해 이해하게 된 N은 고개를 끄덕였습니다.

 "책을 빌려줬는데 읽지 않는다고 조바심을 냈던 것, 세미나에 참석하지 않고 놀러간다고 해서 화가 났던 것 모두 제가 과제를 분리하지 못해서 생긴 일이로군요. 책을 빌려주고 세미나를 추천한 건 모두 저였으니까요. 제 기대에 따라 행동하지 않은 건 후배의 과제이지, 제 과제가 아니에요."

 그 후로 N은 후배가 필요로 할 때나 질문할 때만 후배에게 도움을 주었고, 그 외에는 먼저 무언가를 열심히 가르쳐주려고 나서지 않았습니다. 혹 무언가를 가르쳐주더라도 이에 대한 후배의 반응은 기대하지 않기로 했습니다.

   N은 후배를 성장시키려는 열의가 높은 만큼 기대도 컸는데, 과제의 분리 개념을 알고 나서 마음이 조금은 편해졌다고 했습니다. 그리고 시간이 흐를수록 후배도 조금씩 실력이 늘고 실수를 덜 하게 되어서, 자신이 화낼 일도 줄었다고 멋쩍게 말했습니다.

감정에 휘둘리지 않으려면

우선은 '선배니까 인내심을 가지고 후배를 대해야 한다'는 고정관념에서 벗어나 마음의 목소리에 귀를 기울여보면 어떨까요?

   내가 소중히 여기는 가치관을 후배가 짓밟았기 때문에 화가 나는 것은 당연합니다. 그런 감정을 당연하다고 받아들인 다음, 이렇게 자문해보세요.

"그건 누구의 과제일까?"

그러면 '화가 난다'는 것은 후배가 아니라 내 과제라는 점을 깨닫게 됩니다. 내 과제를 어떻게 해결할지만 생각하면 되죠. 하지만 과제를 분리하더라도 감정에 휘둘리지 않기가 무척 어렵다는 점이 문제입니다.

N은 처음부터 감정에 조금도 휘둘리지 않겠다는 목표를 세우기보단, 휘둘리더라도 나가서 심호흡을 하거나 다른 사람과 이야기를 나누는 등 바로 해소할 수 있는 방법을 생각해놨다가 실행함으로써 화를 내는 빈도와 정도를 우선 줄였습니다. 그러자 얼굴에 불쾌한 기색이 드러나는 횟수도 줄었고, 무엇보다 스스로 마음이 편해졌다고 합니다. N은 상대방이 내 기대에 따라주지 않아 생겨나는 조바심을 어떻게 잘 쳐내야 할지 그 방법을 스스로 터득한 셈입니다.

여러분도 N처럼 조바심이 날 때는 상대를 탓하는 감정을 억누르고, 조바심 자체를 해소할 방법을 몇 개 생각해뒀다가 실행하면 좋습니다.

또 하나, 업무에 지장이 생겼을 때 가장 곤혹스러운 사람은 나이기 때문에, 후배를 고치려 하지 말고 일단 내가 힘들어지지 않기 위한 여러 대처 방안을 고심해보아야 합니다. 업무 분담을 다시 하는 등 일에 지장이 없도록 하려면 무엇을 어떻게 해야 할지 생각해보세요.

선 긋기의 기술

▶ 마음과 생각 일치시키기

마음 "노력도 안 하고 눈치까지 없다니, 어떻게 저럴 수 있지? 정말 짜증나!"
생각 "내가 선배니까 불편한 마음은 숨기고 인내심으로 후배를 대해야 해."

선배로서 후배에게 기대를 갖는 것은 당연합니다. 후배가 그 기대에 못 미치면 실망하고, 나아지길 바라는 마음에 도와줬는데도 효과가 없으면 안타깝고 화가 나게 마련이죠. 하지만 나도 언젠가 그 후배와 같았다는 걸 생각해본다면 이번엔 생각의 목소리에 좀 더 따라야 할 것 같네요.

▶ 나에게 던지는 질문

"그건 누구의 과제일까?"

— 애정을 갖고 도와주고 싶은 후배라지만, 그건 어디까지나 내 생각일 뿐입니다. 후배 입장에서는 내가 '부탁하지도 않은 일에 사사건건 간섭하는 불편하고 귀찮은 상사'일 수 있음을 (슬프지만) 인정해야 합니다.

— 후배와 나 사이의 선 긋기만큼은 나보다 후배가 하도록 내버려두는 편이 좋습니다. 물론 내 마음에 들지 않는 후배가 나와 가까워지려 한다고 해서 굳이 친하게 지낼 필요는 없겠죠. 하지만 내가 가까이하고 싶은 후배가 날 불편하게 여길 수도 있다는 사실만큼은 늘 염두에 두어야 합니다.

― 후배가 일을 못 한다, 열정이 없다고 한탄하기 전에, 내가 신입이었을 때를 떠올려보는 건 어떨까요? 조금 너그럽게 대해줘도 괜찮지 않을까요?

 더 읽어보기

행복의 소용돌이에
빠져드는 입구는 바로 '나'

여기까지 책을 읽으셨다면, '나와의 대화'가 인간관계를 풀어나가는 데 얼마나 중요한 열쇠인지 느끼셨을 겁니다.

인간관계라고 하면 흔히 타인과의 관계를 먼저 떠올리게 되지만, 사실 저는 나와의 관계가 가장 중요하다고 생각합니다. 나의 가장 친한 친구는 바로 나이기 때문이죠. 그래서 친한 친구에게 하듯이 마음을 이해해주고, 생각을 존중하며, 앞으로 나아가도록 용기를 북돋아주어야 합니다.

알프레드 아들러는 행복의 3원칙으로 '나를 사랑한다' '남을 신뢰한다' '주위에 기여한다'를 들었습니다.

이 세 가지를 충족하려면 일단 나를 사랑해야 합니다. 인간이라면 "난 괜찮아"가 선행되어야 "너도 괜찮아"가 가능해지는 법이니까요.

여러분도 내 상태에 따라 인간관계가 달라지는 모습을 많이 보셨죠? 저도 그렇습니다. 나아가야 할 방향이 보이지 않거나 제자리에 멈춰 있는 듯한 느낌이 들면, 사소한 말 한마디도 쉽게 내뱉지 못하고 머릿속에서 이런저런 생각만 하죠. 그러다 보면 '앞이 보이지 않는다 → 여러 가지가 마음에 걸린다 → 나쁜 상상을 한다 → 자신감과 의욕을 잃는다'로 이어지는 불행의 소용돌이에 빠지게 됩니다.

반면 내가 좋아하는 일을 하고 자신감이 넘치며, 마음을 터놓을 수 있는 연인이나 가족, 친구가 있을 때는 감정 회복도 쉽습니다. 조금 싫은 소리를 들어도, 가슴이 따뜻해지는 영화나 개그 프로그램을 보고 하룻밤 자고 일어나면 기분이 좋아집니다.

이왕이면 작은 일에는 신경 쓰지 않고 좋아하는 일을 하면서, 주위 사람들과의 관계도 술술 풀리는 행복의 소용돌이에 빠지는 편이 좋겠죠? 이제부터는 행복의 소용돌이에 빠지기 위해 나와의 관계를 어떻게 가꾸어야 하는지 좀 더 깊이 있게 다뤄보겠습니다.

5
나와 일의 관계

일은 일, 일상은 일상

'나와의 관계'만 잘 가꾸어도 나머지 인간관계 문제는 거의 생기지 않거나, 생기더라도 금세 해결됩니다. 그래서 5~7장에서는 나와의 관계에 대해 세밀하게 이야기해보려고 합니다.

먼저 5장에서는 '나와 일'이 어떻게 관계 맺어야 하는지에 대해 설명합니다. 나이와 성별을 불문하고 많은 사람이 일에 관한 고민을 안고 살아갑니다. 지금 하는 일에는 만족하지만 더 다양한 커리어를 쌓고 싶다는 구체적인 고민부터 그저 미래가 불안하다는 막연한 고민까지 종류도 다양합니다.

일이 인생에서 차지하는 의미 또한 저마다 다릅니다. 경제적 자립, 자아실현, 기여감, 성장 욕구에 이르기까지, 일은 우리가 인생을 살아가며 필요한 요소들에 커다란 영향을 끼칩니다. 우리가 하루 중 가장 긴 시간을 할애하는 것이기도 하죠.

이 때문에 일에 기대하는 바가 크고, 기대만큼 실현되지 않으면 괴롭습니다. 저는 그럴 때마다 '고민하는 게 당연해. 내가 그만큼 진지하다는 뜻이야' 하고 생각하려 애씁니다. 하지만 이왕이면 답답함을 걷어내고, 그 진지한 에너지를 앞으로 나아가는 데 활용하면 좋지 않을까요?

이번 장에서는 일과 나와의 관계를 설정하는 데 가장 큰 방해물로 작용하는 '불안'을 어떻게 다스리는지를 핵심적으로 다룹니다.

아무리 생각해도 일하는 보람이 전혀 없어요

갓 입사했을 때는 에너지가 넘쳤어요. 취업난을 뚫고 회사에 들어왔다는 게 꿈만 같았죠. 그런데 2년쯤 지나고 나니, 매너리즘에 빠진 듯합니다. 저를 뽑아준 상사는 다른 부서로 이동했고, 새로 온 상사는 영 별로입니다. 일하는 보람이 없어요. 이런 마음으로 계속 근무해봐야 회사에도 안 좋을 것 같고, 이직해볼까 해서 예전 상사에게 의논했더니 계속 다니라고만 해서 고민이에요.

보람을 느끼며 일하고 싶은데……

O는 대학 시절 창업 동아리에서 활동했고, 여러 기업에서 인턴 생활도 제법 오래 했습니다. 취업도 순조롭게 풀려서, 뛰어난 선배들이 많은 지금 회사에 입사했습니다. 존경할 만한 상사를 만나 일도 재미있게 배우기 시작했죠. O는 주위의 기대를 받으며 열심히 일했고, 스스로도 성장하고 있는 것 같아 뿌듯했습니다.

그런데 2년쯤 지나자 일에도 익숙해지고 무언가 부족한 느낌이 들었습니다. 존경하던 상사도 부서를 옮기고 말았죠. 소속감 없이 계속 근무하는 것도 회사에 염치가 없어서 이직을 고려하던 중, 예전 상사가 술이나 한잔하자고 해 속마음을 털어놓았습니다.

회사를 그만두고 싶다는 O에게 상사는 "아직 이 회사에서 경험할 수 있는 일이 많다"며 이직을 말렸죠. 그 말에 고개를 끄덕이면서도 상황이 달라지지 않아서 날마다 가슴이 답답하다고 했습니다.

저는 O의 이야기에 많은 공감이 갔습니다. 사실 일 문제로 제게 고민을 털어놓는 분들 대부분이 이와 비슷한 이야기를 하곤 합니다. 지독한 취업난을 뚫고 당당히 입사하고 나면 세상을 다 가진 것 같죠. 나를 뽑아준 이 회사가 고맙기도 하고, 앞으로 이 회사에서 열심히 일해 능력을 인정받고 싶다는 생각도 들고요. 하지만 몇 년 지나지 않아 곧 매너리즘에 빠진 자신을 발견하게 됩니다.

선배들은 하나같이 업계의 전망이 어둡다면서 언제 이 바닥을 떠야 하냐는 등 내 사기를 깎고, 상사든 동료든 나를 못 잡아먹어 안달인 인간이 한 명씩은 꼭 있고, 내게 떨어지는 업무는 전부 하찮게 보이고, 회사 시스템은 너무나 비합리적이기만 하고. 회사 일에 정나미가 떨어지게 만드는 요인이 한두 가지가 아니죠.

그렇지만 당장 대출금, 생활비에 발목 잡힌 인생이다 보니 쉽사리 직장을 떠나기가 어려운 게 현실입니다. 결국 울며 겨자 먹기로, 대충 돈 번다는 생각만 가진 채 회사에 다니며 이곳을 떠날 날만 손꼽아 기다리는 인생이 되고 맙니다.

자, 어떤가요? O가 지금의 고민을 그냥 묻어두고 계속 이대로 변화 없이 산다면, 방금 제가 말한 모습으로 살아갈 것 같지 않나요?

그런 인생도 꼭 나쁜 건 아닙니다. 적당히 돈 벌고, 집에 돌아와 소소하게 자기 시간을 가지면서, 나름대로 '워라밸('Work and Life Balance'의 준말로, 일과 삶의 균형을 의미)'을 지키며 살아갈 수도 있으니까요. 하지만 O는 일에서 성취욕을 느끼고 싶어 하는 사람입니다. 그렇다면 좀 다른 접근을 해야 하지 않을까요?

성장과 배움을 위하여

저도 일에 너무 익숙해져서 매너리즘에 빠지거나 무언가 부족함이 느껴져서 이직한 적이 있었는데요. 그렇게 했을 때 장점도 있고, 고생한 점도 있었습니다. O는 어떤 선택을 해야 가장 후회가 없을까요?

저는 O에게 물었습니다.

"아무런 제약도 없다면 어떻게 하고 싶어요?"

"아무런 제약도 없다니, 생각하기 힘드네요."

"그럼, 무슨 일이든 스스로 선택할 수 있다면 어떤 일을 하고 싶어요?"

"예전 상사 곁에서 일하고 싶어요!"

"예전 상사 곁에서 일하면 뭐가 좋은데요?"

"업무 처리 능력은 물론이고 문제 해결 능력이나 관리 능력도 뛰어나서 배울 점이 많아요."

이 말에서 O에게 보람을 안겨주는 근본은 '성장과 배움'이라는 것을 알 수 있었습니다!

"다시 예전 상사 곁에서 일할 방법이 있나요?"

"지금 당장은 힘들겠지만, 다음 인사 이동 시기에 맞춰서 인사부나 예전 상사에게 말씀드려볼 수는 있어요. 그럼 아마 가능할 거예요."

방법을 찾았으니 이제 실행만 하면 되겠죠? 그러나 O는 쉽사리 표정이 밝아지지 않았습니다.

"그렇게 하는 게 지금 상사에게 너무 실례되진 않을까요? 그분도 상처받을 거예요."

"상처받을 수 있겠죠. 그런데 그건 그분이 스스로 해결해야 할 문제 아닐까요?"

"사실 저랑 껄끄러워질 것 같아 걱정이기도 해요. 서로 계속 마주칠 일이 있을 텐데, 그러면 불편해지잖아요."

"음…. 인사부나 예전 상사분께 잘 이야기해서 통상적인 인사 발령인 것처럼 처리해달라고 부탁해보세요. 인사부에서는 이런 문제가 비일비재해서 웬만하면 잡음 없이 일을 잘 처리해 줄 거예요."

큰 변화 대신 작은 변화로

O는 스스로 성장하고 보람을 느끼려면 새로운 일에 도전하거나 가르침을 줄 사람과 함께 일해야 한다고 생각했습니다. 그렇지만 현재 상사와 껄끄러워지는 것 또한 원치 않았기에 그냥 회사를 옮겨야겠다고 결심했죠.

회사를 옮기는 것은 큰 변화입니다. 현재의 회사와 완전히 다른 시스템에 적응해야 하고, 시스템을 익히기 위해 눈치를 봐가면서 '일하느라 바쁜 회사 사람들'에게 수시로 질문을 해야 하고, 그러다 실수할 가능성도 크고. 게다가 새로운 사람들에게도 적응해야 합니다. 그곳에도 아마 폭탄은 있을 텐데, 왜 그런 말이 있죠.

'잘 모르는 진상을 상대하느니 차라리 아는 진상을 상대하는 게 낫다.'

물론 옮긴 회사가 나와 잘 맞고 아주 좋을 수도 있어요. 하지만 세상에 천국 같은 회사란 존재하지 않기에, 갖가지 시행착오를 겪는 건 당연한 일입니다. 그렇기 때문에 회사를 그만둔다는 건 모든 가능성을 따져본 후 가장 나중에 고려해야 할 선택지입니다. 아직 O는 회사를 옮겨본 적이 없어서 이런 부분을 잘 모를 수 있겠죠.

회사를 옮기는 큰 변화 대신 부서를 옮기는 작은 변화가 지금의 O에게는 훨씬 현명한 결정일 수밖에 없습니다. 그렇게 시도를 했는데도 실패한다면 그때 다른 선택지를 고민해도 늦지 않습니다.

상상하면 활력이 솟아나요

일을 하면서 전혀 보람을 느끼지 못하겠거나 그로 인해 회사를 그만두고 싶을 때면, 이렇게 자문해보세요.

"아무 제약도 없다면 어떻게 할 거야?"

제약을 풀고 생각하면 나에게 무엇이 가장 중요한지 보입니다. 그리고 그 중요한 부분을 존중해야 보람도 느낄 수 있습니다. 나에게 소중한 가치관이 뭔지 금방 떠오르지 않을 때는 "무슨 일이든 스스로 선택할 수 있다면 어떤 일을 하고 싶어?" 하고 자문해보세요.

비단 일뿐만이 아닙니다. '마음껏 ○○할 수 있다면' 하고 상상할 거리를 많이 만들수록 살아가는 데 활력이 됩니다. 우주에 가는 꿈이든 나만의 아지트를 만드는 꿈이든, 상상하는 건 자유니까요. 나도 모르게 웃음이 배어나오는 일을 떠올리다 보면, 상상력이 풍부해지고 활력이 저절로 생깁니다. 또한 일을 할 때 '하고 싶은 일'과 '해야 할 일'을 판단하는 데도 큰 도움이 됩니다.

선 긋기의 기술

▶ 마음과 생각 일치시키기

마음 "여기서는 일하는 보람이 없어."
생각 "이 상태로 계속 근무해봐야 회사에도 좋을 게 없을 거야. 그런데 믿을 만한 상사가 그만두지 말라고 하니, 그 말이 맞겠지."

혼란스럽겠지만, 내가 장차 어떻게 되길 바라는지 생각해보면 무언가 보일 듯하네요. 이를 위해 큰 변화를 꾀하기 힘들다면 작은 변화를 모색해보는 게 어떨까요?

▶ **나에게 던지는 질문**

"아무 제약도 없다면 어떻게 할 거야?"

— 일과 나 사이가 밀착된 사람이 있는가 하면 아주 멀리 떨어져 있는 사람도 있습니다. 자신은 둘 중 어느 쪽에 속하는지 먼저 생각해봅니다. 성향에 따라 거리는 조절할 수 있지만, 사실 너무 멀리 떨어져 있어도, 너무 밀착돼 있어도 바람직하진 않아요. 너무 밀착돼 있다면 조금 밀어낸 뒤, 너무 떨어져 있다면 조금 끌어당긴 뒤, 일과 나 사이에 진한 선을 그어주세요.

— 일과 나 사이에 알맞은 거리를 설정했으면, 그 거리를 지켜갈 수 있는 환경을 만들기 위해 노력해야 합니다. 나와 일 사이를 멀어지게 하는 요소가 너무 많은 조직에 몸담고 있다면 그곳을 떠나야 하겠죠?

— 회사를 그만두는 것은 최종적인 선택이어야 합니다. 회사가 아니라 팀을 바꾸거나 사무실을 옮기는 정도로 변화를 꾀해보는 게 처음 시도할 수 있는 일임을 잊지 마세요.

앞으로 뭘 먹고살아야 할지 잘 모르겠어요

저는 첫 번째 회사에서만 10년째 근무하고 있습니다. 일 자체도 재미있고 근무 환경이나 동료·상사 모두 만족스러운데, 대기업이 아니라서 정년까지 다닐 수 있을지 의문입니다. 앞으로 커리어를 어떻게 쌓아 나갈지 고민해야겠다는 생각은 드는데, 전문적인 기술이 없어서 어쩌면 좋을지 모르겠습니다. 서른다섯이 넘으면 이직도 힘들다는데, 이러다 너무 늦진 않을지 걱정입니다.

머릿속에서만 갈팡질팡

중소기업에서 법인 영업을 담당하고 있는 P는 이제 회사에 적응해 동료와 고객 모두와 그럭저럭 편하게 지내고 있습니다. 하지만 회사가 세워진 지 얼마 되지 않았고, 사원들 평균 연령도 30대로 아직 정년까지 일한 사람이 없습니다. P는 앞으로 회사가 어떻게 될지도 모르고, 젊고 패기 넘치는 신입사원들이 계속 들어오면 자리를 빼앗기고 밀려날지 모른다는 생각에 조마조마합니다.

'더 적극적으로 커리어를 쌓아야 해. 어떤 회사에 가든 일을 잘하려면 어떻게 해야 할까?' 하고 고민해봐도 좋은 생각은 떠오르지 않고, 따고 싶은 자격증도 딱히 없습니다. 같은 업종인 영업이나 기획 쪽으로 이직하면 똑같은 고민을 하게 될 것 같은데, 이대로 손도 쓰지 못하고 시기를 놓칠까 봐 불안하다고 합니다.

남들 눈에는 어떻게 보일지 모르지만, 저도 회사를 자주 옮겨서 퇴직금도 목돈으로 못 받을 것 같고, 나이가 들수록 이직하기도 힘들고, 결혼도 안 해서 앞날이 캄캄하게 느껴지던 시기가 있었기에 P의 마음을 잘 압니다. 그 무렵 사귀던 남자친구에게 "자긴 좋겠다, 기술이 있어서" 하고 삐죽댔더니, "세상에

불안하지 않은 사람이 어딨어" 하고 타이르더군요. 그때는 제 상황이 버거워서 흘려들었는데, 지금은 그 말이 무슨 뜻인지 알 것 같습니다. 불안 요소는 끄집어내려고 하면 끝도 없이 나오는 법이니까요.

전 요즘 별로 불안에 떨진 않지만, '앞으로도 일이 잘 풀릴지 모르겠어' '큰 병에라도 걸리면 어쩌지?' '돈도 없이 혼자 늙어가면 어떡해' 등 불안과 마주하려고 마음만 먹으면 얼마든지 그럴 수 있는 구실들은 가지고 있습니다. 다시 말해, 제가 요즘 불안하지 않다고 말씀드리는 이유는 그저 '불안 요소를 회피하고 있어서'이기 때문이죠. 저는 이것이 나쁘지 않은 방법이라고 생각합니다.

스케일링으로 불안 DOWN

갑자기 불안을 회피하라니, 어떻게 해야 할지 모르겠죠? 그럴 때는 '스케일링' 즉, 점수 매기기를 활용해보세요.

"당신이 느끼는 불안감을 점수로 표현해보세요. 10점 만점이라면 지금은 몇 점인가요?"

"8점 정도요."

"불안감이 0점일 때는 어떤 느낌일까요?"

"우선 마음이 평온하겠죠? 매일 밤 좋아하는 책을 읽으며 잠이 들었다가, 아침에 눈을 뜨면 '아, 오늘도 좋은 아침이야!' 하고 느껴질 것 같아요."

생각만 해도 편안합니다. 저는 P에게 말했습니다.

"그럼 머릿속으로 그런 모습을 상상하면서 크게 기지개를 켜보세요……. 지금은 몇 점인가요?"

"아, 조금 줄었어요. 7점 정도?"

"그럼 7점이라고 치고, 7점을 6점으로 줄이려면 어떻게 해야 할까요?"

"자기 전에 아로마 향초를 켜놓고 좋아하는 책을 읽으면 기분이 더 나아질 것 같아요."

'불안감을 내 힘으로 없애거나 줄일 수는 없다'란 생각은 철저히 잘못된 것입니다. 이런 잘못된 생각이 오히려 행동에 제약이 되는 경우가 많죠.

우리의 고정관념과는 달리, 우리의 감정 상태는 환경이나 상황의 지배를 많이 받습니다. 그렇기 때문에 이를 조금만 바꾸어도 감정에 큰 영향을 끼칠 수 있습니다. 기지개만 켰는데도 불안이 조금 줄어들었던 것처럼, 내 힘으로 제어할 수 있는 부분도 분명히 있는 것입니다. 아로마 향초를 켜놓고 좋아하는 책을 읽는 것 역시 스스로 자신의 마음 상태를 제어하는 행동입니다.

내 마음 상태를 점수로 헤아려보면 내가 나의 불안감을 제어하려고 애쓴 결과가 한눈에 보여서 좋습니다. 이 기록을 통해 나 자신을 객관적으로 바라볼 수 있게 된 다음부터는 쉽사리 자신이 느끼는 감정에서 한 발짝 떨어질 수 있습니다. 그러니, 불안해서 아무것도 손에 잡히지 않을 때는 여러분도 이렇게 자문해보세요.

"지금 내가 느끼는 불안감은 10점 만점에 몇 점일까? 그 점수를 조금이라도 줄이려면 어떻게 해야 할까?"

이처럼 내 마음 상태를 스스로 제어할 수 있다는 사실을 알면 조금은 마음이 놓입니다.

미래에 대해서 고민하는 일 자체는 나쁘지 않습니다. 하지만 불안에 사로잡혀서 아무것도 안 하면 날마다 괴로울뿐더러 어떠한 변화도 만들어내지 못합니다. 마음이 편해야 상황을 호전시킬 좋은 생각도 떠오르는 법입니다.

머릿속에서만 갈팡질팡

불안을 가라앉혔으면 이제 한발 더 나아갈 차례입니다.

"일을 하면서 어떤 걸 할 때 가장 즐겁고 뿌듯했나요?"

"… 글쎄요, 잘 모르겠어요."

"그러면 이렇게 질문해볼게요. 일하며 어떤 순간이 제일 좋았어요?"

"고객이나 동료들이 좋아했을 때요."

"어떤 순간이었는지 한번 구체적으로 떠올려보세요. 그때 곁에는 누가 있었나요? 그리고 그 사람에게 당신은 어떤 기분으로 어떤 말을 했나요?"

"○○사 △△씨랑 같이 일할 때였어요. 'P씨 설명은 알아듣기 쉽고, 자료도 필요한 정보만 깔끔하게 담고 있어서 회사를 설득하기가 쉬워요' 하고 말씀해주셨죠. 속으로는 '준비하는 데 시간을 들였으니 당연하지' 하고 생각하면서도 기쁜 마음을 감출 수가 없었습니다. 그래서 '감사합니다. 인정해주시니 정말 뿌듯하네요' 하고 대답했죠."

그의 마음이 조금 열리기 시작하는 모습을 보고, 저는 솔직하게 물었습니다.

"회사 규모나 나이 같은 건 일단 제쳐두고, 가장 하고 싶은 일이 뭐예요?"

"사실 전 자료를 만들거나 글 쓰는 일을 좋아해요. 그래서 글 쓰는 사람이 되고 싶다는 생각을 가끔 하는데, 그런 직업은 먹고살기가 힘들잖아요."

신기하네요. 지금까지 한 번도 P가 언급하지 않았던 '진짜 하고 싶은 일'이 등장했으니 말이죠. 저는 P가 이런 이야기를 꺼낸 것만으로 마음이 많이 풀릴 거란 생각이 들었습니다. 그렇지만 P의 현실적인 고민도 생각하지 않을 수 없었죠. 확실히 글 쓰는 일만으로는 생계가 불안할 테니, 이렇게 제안해봤습니다.

"지금 하는 일을 계속하면서 글 쓰는 일을 부업으로 삼아보면 어때요?"

"그게 가능할까요? 바빠서 시간도 없고…."

"퇴근하고 나서 보통 무엇을 하세요?"

"그냥 피곤해서 저녁 먹고, 1시간 정도 TV 보고…. 아니면 책 좀 보다가 자요."

"그럼 TV 보는 1시간 정도를 글 쓰는 데 할애해보는 건 어때요?"

"흠…. 그런 생각은 안 해봤어요. 될지 모르지만, 한번 시도해볼게요."

느긋한 마음으로 일단 해보자

수입이 불안정하다거나 실현 가능성이 없다는 이유로 하고 싶은 일이 있어도 애써 외면하고 지금 하는 일에 집중하려는 사람이 많습니다. 물론 꿈만 따르다가 생활이 무너지면 안 되겠지만, 생계를 유지하는 일을 하면서 좋아하는 일에 도전하는 것은 충분히 해볼 만합니다. 정보 접근성이 높아지고 일의 종류가 다양해진 요즘은 진로를 어느 하나로 정하지 않고 여러 길을 좇기가 예전보다 쉬워졌으니까요.

조직론과 인재론 분야의 세계적인 권위자인 런던 대학교 경영대학원 린다 그래튼Lynda Gratton 교수의 저서《100세 인생 The 100-Year Life》에 보면, 저자가 NHK와의 인터뷰에서 이런 말을 합니다.

"우리가 100세까지 산다면 80세까지는 일해야 합니다. 그런데 20세에서 80세까지 계속 같은 일만 하는 모습이 상상이 되나요? 우리는 기나긴 인생을 살면서 또 다른 나로 변화해나가야 합니다. 가령 5년 동안 열심히 일했다면 6개월 정도 일을 떠났다가, 새로운 기술을 익히고 다시 돌아와 다른 회사에서 일하는 식이죠. 여러분 모두가 자기만의 인생을 구축해나가길 바랍니다."

앞으로는 인생 이모작, 삼모작은 물론이고 부업이나 겸업을 하는 것이 당연해지는 시대가 도래할 겁니다. 그래서 내가 무엇을 좋아하고, 무슨 일을 하고 싶은지 정확히 알고 있어야 하는 것입니다.

'혹시 이건가?' 하는 일을 찾았다면, 그것이 정말 하고 싶은 일인지 너무 깊이 생각하지 마세요. 해보고 아닌 것 같으면 그때 다시 생각하면 되니까요. 그렇게 느긋한 마음으로 움직여보는 편이 좋습니다. 처음부터 "정말 이거 맞아?" 하고 자신을 다그치는 행동은, 어떤 음식을 보며 '맛있겠다' 하고 생각하고 있는데, "정말 맛있다고 확신해?" 하고 묻는 것과 같습니다. 어차피 먹어보기 전에는 모르는 일인데 말이죠.

선 긋기의 기술

▶ 마음과 생각 일치시키기

마음 "너무 늦을까 봐 불안해."

생각 "이 회사를 정년까지 다니지는 못할 것 같은데, 앞으로 뭘 먹고살아야 하지? 서른다섯 넘으면 이직도 힘들다는데."

생각이 마음의 불안을 부추기고 있군요. 회사가 망하지 않는다면 정년에 퇴직할 수도 있고, 전문직이 아니어도 10년간 쌓은 노하우는 무시 못 할 강점입니다. 서른다섯이 넘어도 당연히 새로운 직장을 구할 수 있고요. 하지만 아무리 이런 말을 해도, 이미 생겨난 불안의 씨앗은 쉽게 사라지지 않죠. 먼저 내가 정말 하고 싶은 일이 무엇인지 고민해본 후, 마음과 생각을 그 방향으로 모아야 하겠습니다.

▶ 나에게 던지는 질문

"어떤 종류의 일을 할 때 가장 즐겁고 뿌듯해?"

— 이 회사에 언제까지 다닐 수 있을까, 더 나이 들어서 잘리면 어떻게 먹고살아야 하나, 하는 문제는 모든 직장인들의 고민거리 중 하나입니다. 이런 고민은 정말 필요 없기도, 정말 필요하기도 합니다. 내가 고민하는 것만큼 상황이 심각하진 않지만, 장기적으로 준비하긴 해야 하는 문제란 것이죠.

— 회사에서 일을 할 때는 아무래도 이성적이고 논리적으로 접근해야 하기 때문에 '생각'의 목소리를 더 많이 따라가게 됩니다. 하지만 '나'에 대해 고민할 때는 되도록 마음의 목소리에 귀를 기울여야 해요. 감정을 먼저 살펴야 하는 순간도 있음을 잊지 마세요. 그래야 진짜 원하는 것이 무엇인지 알 수 있으니까요.

— 진짜 원하는 것을 알았다면 처음엔 세컨드 잡을 한다고 생각하고 조금씩 시도해보세요. 세컨드 잡과 나 사이는 일과 나 사이보다 더 거리

가 가까워야 합니다. 심지어 내가 정말 좋아하는 것이기 때문에 내 일상과도 밀착되어 있을 수 있습니다. 하지만 이때도 반드시 선을 긋는 걸 잊지 마세요. 일은 일, 일상은 일상. 이 구분이 명확하지 않으면 오히려 내 시간이 너무 없고 체력적으로 지쳐서 빨리 그만둘 수 있으니까요.

하고 싶은 일이 있는데 첫발을 내디딜 용기가 없네요

현재 회사에 다니고 있는데, 따로 하고 싶은 일이 생겼습니다. 그래서 일을 하며 전문학교에 다녔고, 자격증도 땄습니다. 새 일을 시작하려면 뭐가 필요한지 물어보고 조사하긴 했는데, 회사를 그만두고 독립하면 잘 될지 불안해서 첫발을 내딛기가 두렵습니다. 준비는 어떻게 혼자 잘 한다 치더라도, 막상 실전에 들어갈 생각을 하니 제가 영업에도 재주가 없고, 잘 해나갈 수 있을지 걱정입니다.

불안을 하나 해소하면 또 다른 불안이

Q는 한동안 커리어에 대한 고민을 하다가 전문가에게 상담을 받았다고 합니다. 그러고 나서 자신의 장점과 하고 싶은 일을 깨닫고 자신감을 되찾아 '나도 나처럼 커리어로 고민하는 이들에게 도움이 되는 일을 하고 싶어'라고 생각하게 됐습니다. 곧바로 관련 상담사 자격증도 땄죠. 앞으로는 그 자격증을 활용해 새 일을 시작하고 싶은데, 불안해서 첫발을 뗄 용기가 없다고 이야기합니다.

Q는 하고 싶은 일을 찾았으니 이미 첫발을 내디딘 것이나 다름없습니다. 여기까지 온 것만도 정말 대단한 일입니다. 문제는 정작 본인이 그 사실을 잘 모른다는 겁니다. 그래서 계속 불안해하는 거죠.

그런데 생각해보세요. 따져보면 불안 요소는 얼마든지 있습니다. 당장 회사도 잘 돌아가고 연봉도 만족하지만, '내가 이 일을 얼마나 할 수 있을까?' 하고 생각하면 불안해지게 마련입니다. 자영업자도 마찬가지입니다. 지금 사업이 잘 되고 있다 해도, '과연 이 상태가 얼마나 계속될까?' 하는 생각에 빠지면 밤잠이 올 리 만무합니다.

그런 불안 요소들에 발목 잡힌 사람은 결코 미래를 향해 한

발도 제대로 뗄 수 없습니다. 이러지도 저러지도 못한 채 제자리에 서서 전전긍긍할 수밖에 없는 것입니다. 이런 사람에게는 결국 아무런 일도 일어나지 않을 겁니다.

'할까 말까'에서 '언제 할까'로

불안감이 커질수록 앞서 이야기한 스케일링 기법을 활용해 이를 가능한 한 줄이려고 노력해야 합니다. 그러고 나서는 '할까 말까'가 아닌 '언제 할까'로 생각의 주제를 바꿔야 하죠. 무조건 실행한다고 생각하고, 구체적인 계획을 세워야 한다는 것입니다.

저는 이런 이야기를 들려주면서 Q에게 다음과 같은 질문을 던졌습니다.

"언제 새 일을 시작하면 가장 좋을 것 같아요?"

"당장은 부담스러우니까, 6개월? 음……. 1년 후가 가장 좋을 것 같아요!"

"그럼 1년 후에 새 일을 시작하려면, 지금부터 3개월 후, 6개월 후에는 어떤 일을 끝마쳐 놓아야 할까요?"

"우선 3개월 후에는 퇴사하겠단 의사를 밝히고, 6개월 후에는 홈페이지랑 블로그를 만들어야겠어요."

Q는 막힘없이 술술 이야기했습니다. 이미 마음속에서 수천 번은 어떻게 해야 할지 시뮬레이션을 해본 것 같았죠. 그는 그저 용기가 부족했을 뿐이었습니다. 사실 하고 싶은 일을 찾은 분들 대부분이 Q와 비슷합니다. 이미 언제, 어떻게, 무엇을 할 것인지 구상은 끝났으면서, 혹시나 싶어 첫발을 떼지 못하는 것입니다.

구체적인 그림을 상상해보자

호스피스 병동에서 간호사로 일하며 수많은 환자를 돌보고 그들의 마지막을 지킨 작가 브로니 웨어Bronnie Ware는 《내가 원하는 삶을 살았더라면 The Top Five Regrets of the Dying》이란 저서에서 사람들이 죽을 때 가장 많이 하는 후회로 다음의 다섯 가지를 꼽았습니다.

- 타인이 나에게 기대하는 삶이 아니라 내가 원하는 삶을 살았더라면
- 그렇게 열심히 일하지 않았더라면

- 내 마음을 솔직하게 표현했더라면
- 친구들과 계속 연락했더라면
- 내가 더 행복해지도록 행동했더라면

인생에 대한 평가는 어떤 순간에 내리느냐에 따라 달라질 수 있습니다. 하지만 삶의 마지막 순간에 '정말 신나는 인생이었어' 하고 눈을 감을 수 있다면 얼마나 행복할까요? 여러분도 소중한 사람들과 나답고 솔직하게, 신나는 인생을 살았으면 좋겠습니다.

그래서일까요. 요즘 주위를 둘러보면 젊은 세대부터 나이 지긋한 분들까지 창업을 고려하고 있는 사람이 많습니다. 물론 창업은 실패 확률이 매우 높아서, 제대로 준비하지 않은 채 섣불리 도전해선 안 됩니다. 하지만 최근에는 자기 재량으로 할 수 있는 일이 많아진 데다 진심으로 하고 싶어 하는 일로 창업을 하는 분들이 대부분이라, 저는 추천하는 편입니다.

그러나 줄곧 회사에 몸담았던 사람 입장에서는 창업이란 미지의 세계이다 보니 불안할 수밖에 없습니다. 마찬가지로 회사를 그만두거나 이직하고 싶은데도 생계가 유지될지 불안하고 주위의 눈이 신경 쓰여 결단을 내리지 못하는 마음도 충분히 이해합니다.

그럴 때는 여러분도 Q처럼, 마음먹은 것을 실행한다는 전제로 이렇게 자문해보세요.

"언제 하면 가장 좋을까?"

이 질문에는 '실행'이라는 전제가 깔려 있으니, 고민해야 할 부분은 '언제'뿐입니다. 게다가 기쁜 일만 상상할 수 있어서 기분이 좋아지고, 행동으로 옮겨야겠다는 긍정적인 마음도 생기죠. 물론 지금 당장 실행에 옮기면 더 좋겠지만, 그럴 경우 마음의 준비가 덜 되어 있어 자칫 첫발을 헛디딜 수도 있습니다. 그러니 기분 좋은 설렘과 '바로 지금이야!' 하는 현실적인 인식이 교차하는 순간을 잘 선택해야 합니다.

또 하나, 실행 계획은 구체적으로 짜는 것이 좋습니다. 특히 기간 내에 무엇을 어떻게 해낼 것인지 단계적으로 계획을 세우고, 하나하나 미션을 클리어한다는 생각으로 해나가면 더 신나게 해낼 수 있습니다.

막연히 '나중에 이직해야지'가 아니라 '1년 후에 이직해서 상품 기획 일을 해야지' 하고 생각해보세요. 그저 '살 빼야지'가 아니라 '석 달 뒤에 지금은 살이 쪄서 못 입게 된 원피스를 차려 입고 친구 결혼식에 가서 멋진 남자랑 친해져야지' 하고 생각해보세요. 그러면 설레기도 하고 구체적인 목표를 세울 수도 있어서 행동으로 옮기기 쉽습니다.

선 긋기의 기술

▶ 마음과 생각 일치시키기

마음 "하고 싶어! 가치 있는 일이고, 준비도 끝났어."
생각 "잘 해나갈 수 있을지 불안해."

불안해서 결단을 내리지 못한다는 점에서는 일을 그만두고 싶은 사람도 똑같은 심정이겠죠? 결국 앞서 등장한 스케일링을 통해 불안을 가라앉히는 데서 시작해야겠네요. 그리고 마음의 목소리를 따라가자고요.

▶ 나에게 던지는 질문

"언제 하는 게 가장 좋을까?"

— 새롭게 할 일을 찾았다면 망설일 시간이 없습니다. 이제는 '언제' 그리고 '어떻게'를 고민해야 하죠. '나 중심 선택'으로 찾은 이 일을 성공적으로 해내려면 당분간 일과 나 사이가 초밀착될 수밖에 없겠네요. 일과 나 사이를 최대한 좁히고 언제든 넘나들 수 있도록 점선을 긋되, 이런 상태가 오래 지속되진 않도록 해야 합니다. 잊지 않으셨죠? 일은 일, 일상은 일상.

— 가장 중요한 것은 타임 스케줄입니다. 아주 구체적으로 언제까지 무엇을 준비할지 차근차근 일정을 짜는 데서 시작해보세요.

— 일정표가 완성됐다면, 이제 실천하는 일만 남았습니다. 일정표에 적힌 대로 차근차근 실행하되, 따로 노트를 만들어 이를 기록해가며 그때그때 평가해보세요. 시간이 흐른 후 내가 어떻게 이 일을 준비해왔는지 살피고, 무엇이 잘못됐는지 무엇을 더 해야 할지 따져봅니다.

일하는 데 보고 배울 사람이 없어요

작은 회사에 들어왔는데, 거의 선배가 없다고 봐야 해요. 그나마도 각자 너무 바빠서 저에게 신경 써주는 사람이 없네요. 전부 스스로 생각하고 알아보고 판단해서 일을 처리해야 하는데, 제 생각이 맞는지 틀린지 자신이 없어서 어떻게 해야 할지 모르겠습니다. 이 회사에 계속 남아 있는 것이 제 발전에는 도움이 되지 않을 것 같아 그만두고만 싶습니다.

이런 데서 무엇을 할 수 있겠어

학교에 다닐 때는 '알아서' 해야만 하는 것이 드물었습니다. 보통은 과제가 주어지고, 그것을 완수하면 그만이었죠. 하지만 회사에 들어가고 나면 알아서 해야 하는 일이 점점 늘어납니다. 친절하게 하나하나 업무를 알려주는 동료도 드물뿐더러, 보고 배워야겠다는 생각을 주는 모범적인 롤 모델 선배를 찾는 것도 쉬운 일이 아닙니다.

시행착오를 겪어가며 나만의 스타일을 구축해나가는 것이 가장 좋지만, 그게 하루아침에 되는 일은 아닙니다. 나만의 스타일을 구축하는 데도 롤 모델이 필요한 법이죠.

R은 모범적인 학생이었다고 합니다. 과제가 주어지면 열심히 해가고, 흔히들 회사에서 요구하는 '스펙'을 갖추기 위해 자격증도 열심히 땄습니다. 그러다 롤 모델로 생각하고 따르던 대학 선배가 추천한 회사에 입사했습니다. 유명 IT 회사에서 활약하던 프로그래머가 막 시작한 작은 회사였죠. 이 회사를 추천한 선배는 이렇게 말했습니다.

"정말 강소 기업이라니까. 몇 년 일하다 잘리는 대기업보다 훨씬 낫지. 앞날이 창창하다고."

실제로 그 회사는 대표의 능력 때문인지 많은 일감을 수주

받아 정신없이 바쁘게 돌아갔습니다. 문제는 정말 '정신없이' 돌아간다는 거였습니다.

회사에는 프로그래머만 세명 있었고 오로지 R만이 사무직이었습니다. 아무런 시스템도, 매뉴얼도 없는 데다 관리를 해본 사람이 없다 보니, 마감일이나 결제일이 꼬이기 일쑤였고, 일 진행도 효율적이지 않았습니다. R은 비슷한 직종에서 일하는 대학 선배들에게 끊임없이 질문을 해가며 겨우 일을 처리하곤 했지만, 이게 맞는 건지 확신이 서지 않았습니다.

"이렇게 체계도 없고, 가르쳐줄 선배도 없는 곳에서 제가 장기적으로 무얼 이룰 수 있을까요."

R은 긴 한숨을 내쉬며 말했습니다.

허구 속 인물을 롤 모델로

저는 R에게 물었습니다.

"애초 왜 그 회사에 갔던 거였죠? 당신처럼 모범적인 사람은 보통 대기업에 들어가잖아요."

"믿었던 선배의 이야기를 들어서요. 대기업보다 안정적이라고 생각했어요."

"그 선배의 이야기가 틀렸나요?"

"아뇨, 회사 사정은 괜찮아요. 어차피 사무직이 저밖에 없긴 하지만, 나름대로 사장님한테 신임도 얻고 있어서 잘릴 걱정은 없죠."

"안정적인 곳에 가고 싶다는 당초 목표는 이룬 셈이네요?"

"… 뭐 말하고 보니 그렇네요."

R은 어쩔 수 없다는 듯이 인정했습니다. 그러다 잠시 머뭇거리더니 이렇게 물었습니다.

"하지만 안정적인 것 말고 저도 조금은…. 보고 배울 사람이 있었으면 좋겠어요."

"왜죠?"

"지향점이 생겨야 저도 생산적으로 즐겁게 일할 수 있으니까요. 이렇게 우왕좌왕하면서 가긴 힘들어요."

R은 울상을 지으며 말했습니다. 저는 부드럽게 그를 쳐다보며 말했죠.

"꼭 롤 모델을 회사에서 찾을 필요 있나요?"

"네? 아닌가요?"

"그냥 다른 회사 선배나 허구 속 인물을 롤 모델로 삼을 수도 있잖아요."

"회사에서 궁금하거나 고민되는 일이 있을 때는요?"

"○○이라면 어떻게 했을까, 하고 생각해보는 거죠."

"… 그게 답이 될까요?"

"그럼요. 구체적인 업무는 지금도 다른 회사 선배들에게 물어가며 차근차근 해나가고 있다고 했잖아요. 어차피 지금 회사엔 정해진 매뉴얼이나 시스템이 없으니까 당신이 하나씩 만들어가면 되죠. 물론 쉬운 일은 아닐 거예요. 하지만 직접 몸으로 부딪쳐가며 직접 시스템을 구축해나가는 경험을 또 어디서 해보겠어요? 분명 같은 경력의 다른 사람에 비해, 당신은 훨씬 빨리 성장해갈 수 있을 거예요."

"흠…. 그렇다면 허구 속의 롤 모델은 왜 필요하죠?"

"지향점 이야기를 하셨잖아요. 어떤 문제를 어떻게 풀어갈지 큰 방향을 정할 때, 가치관은 중요한 역할을 해요. 그런 점에서 롤 모델은 꼭 필요하죠."

R은 갑자기 생각이 많아지는 것 같았습니다.

"평소 존경하는 사람이 있나요? 아니면 닮고 싶은 사람은요? 유명인이나 역사적 인물, 소설이나 영화에 등장하는 캐릭터도 괜찮아요."

"픽션도 괜찮다고요? 그럼 영화 〈인턴The Intern〉에서 앤 해서웨이가 연기한 주인공 줄스요. 사장이면서도 유연함을 잃지 않는 모습을 닮고 싶어요. 어차피 지금 회사에서 제가 사장의 일을 하고 있기도 하고요."

"그럼 줄스가 당신 입장이었다면 어떻게 생각하고 행동했을지 판단할 때 참고해보면 어떨까요?"

"그건 할 수 있을 것 같아요."

롤 모델은 꼭 주변에 있어야 한다는 고정관념을 벗어던지니, 조금씩 답이 보이기 시작합니다.

언제나 불러낼 수 있는 롤 모델

롤 모델이 현실에 있으면 자극이 되고, 구체적으로 뭘 해야 할지 금방 알 수 있어서 좋습니다. 하지만 50~60대 기성세대들은 요즘 세대와 다른 시대, 다른 사회 환경을 헤치고 온 사람들이라 숨 가쁘게 흘러가는 요즘 세상에 참고하는 데 분명 한계가 있죠. 종종 큰 틀의 조언을 구하는 대상으로 삼을 수는 있지만, 보다 구체적인 지침을 얻기는 어렵습니다.

구체적인 지침은 실무에 능통한 선배에게 구하고, 오히려 롤 모델은 유명인이나 역사 속 위인, 허구 속 인물 등으로 삼는 편이 낫습니다. R과 처한 상황은 다르지만, 한때 배우를 했던 저는 롤 모델로 소피 마르소, 오드리 헵번, 나츠메 마사코(20대에 요절한 일본의 여배우-옮긴이) 등을 삼고 있습니다. "그 사람들이었으면 이럴 때 어떻게 행동했을까?" 하고 상상하며 고민되는 순간마다 참고하곤 하죠.

그중 일상생활에서 제가 가장 따르려고 하는 사람은 나츠메 마사코입니다. 휴대전화 배경화면도 나츠메 마사코의 사진으로 설정해 놓았습니다. 힘든 일이 생겨 기분이 가라앉을 때는 "나츠메 마사코였다면 이럴 때 한동안 침울해 있다가도 어느 순간 활짝 웃으며 다시 일어서겠지?" 하고 상상하면서 따라 하려고 애씁니다.

일을 할 때는 주로 배우이자 영화감독인 클린트 이스트우드를 롤 모델로 삼습니다. 누군가가 불합리한 행동을 했을 때 "클린트 이스트우드라면 이것도 다 받아들이고 진심으로 포용하면서도 자기 의견을 분명하게 말하겠지?" 하면서 제 행동을 결정합니다.

내 마음속에 롤 모델이 있으면 언제든 의논할 수 있는 상대가 있는 것 같아 든든합니다. 실제로도 그런 사람이 곁에 있으면 좋겠지만 사실상 어렵기 때문에, 이렇게 만날 순 없어도 필요할 때마다 마음속에서 불러낼 수 있는 롤 모델이 있으면 좋습니다.

선 긋기의 기술

▶ 마음과 생각 일치시키기

마음 "갈팡질팡해. 어떻게 해야 할지 모르겠어."
생각 "주위에 롤 모델이 없어서 내 생각이 맞는지 자신이 없어."

마음과 생각이 동시에 혼란에 빠져 있네요. 역시나 좋지 않은 일치입니다. 이럴 때는 생각을 고쳐먹고 이성적으로 문제에 접근해야 합니다.

▶ 나에게 던지는 질문

"○○이라면 이럴 때 어떻게 했을까?"

— 회사에 새로 들어가면 일을 차근차근 가르쳐줄 선배가 있을 거라 생각하지만, 사실 그런 체계가 잘 잡혀 있는 회사는 많지 않습니다. '눈치껏' '알아서' 일을 해야 하는 경우가 훨씬 많죠. 그러다 실수라도 하면 혼나기도 하고요. 너무 불합리하다는 생각이 들겠지만, 그런 상황을 우리 힘으로 바꾸기는 사실상 불가능합니다. 이 점을 인정하지 않고서는 직장생활을 해나갈 수 없습니다.

— 어차피 선배 등 타인에게 일을 배우는 데는 한계가 있습니다. 내가 직접 해보며 하나하나 깨닫는 것이 가장 좋아요. 정말 모르겠다 싶은 일, 실수하면 큰일 나는 일의 경우 도움받을 만한 주변 사람에게 묻고 진행하되, 그 외에 작은 일들은 직접 해보며 익히는 게 좋습니다.

— 이때 가장 중요한 것은 언제든 떠올릴 수 있는 롤 모델을 만드는 것입니다. 내가 아는 가장 현명한 사람을 롤 모델로 삼고, '그라면 이런 상황에서 어떻게 판단하고 행동했을까?' 하는 질문을 던져보세요. 롤 모델과 나의 거리는 초밀착되어도 상관없고, 굳이 선을 그을 필요도 없습니다. 늘 내 옆에 둔다고 생각하면 더 당당해질 수 있으니까요.

6
나와 무기력의 관계

시각화가 필요해

주말을 앞둔 우리는 언제나 거창한 계획을 세우곤 합니다.
'도서관에 가서 과제랑 시험공부 해야지.' '일찍 일어나서 멋지게 꾸미고
○○ 전시회 다녀와야지.' '도시락 싸서 아이랑 놀이공원 가야지.'
하지만 눈을 뜨면 어느새 오전 10시. 다시 눈을 감으며 생각합니다.
'그냥 다음 주말에 해야겠다.'
저 역시 의욕의 문제와 줄곧 싸워왔습니다. 한때 끝도 없는 무기력감에 휩싸였던
적이 있었어요. 그 상태에서 탈출하고 싶었던 저는 항상 의욕에 넘쳐 있는 듯한
친구에게 그 비결을 물었죠. 그랬더니 그는 이렇게 말했습니다.
"늘 그렇진 않아. 결정적인 순간에 100퍼센트로 끌어올리려고 평소에는
60~70퍼센트 정도로 수행하고 있지."
이후 심리학을 공부하면서 인생에는 '멈춰 설 때' '걸음을 내디딜 때' '달릴 때'가
있다는 사실을 깨닫고는, 의욕이 없을 때가 있어도 괜찮다는 걸 알게 됐습니다.
이제 저는 의욕이 없으면 '멈춰 설 때', 의욕을 가져야겠다는 생각이 들면 '걸음을
내디딜 때', 의욕이 넘치면 '달릴 때'라고 믿습니다. 그래서 의욕이 없을 때에도
지금 몸과 마음이 충전되는 중이라며 조금은 여유를 가지게 되었습니다.
무기력한 때만큼 나 자신이 싫어지는 순간도 또 없습니다. 무기력감을 잘 다스린다면
나 자신과의 관계도 훨씬 좋아지겠죠. 이번 장에서는 어떤 상황에서도 내 마음이
더 편안해지도록 의욕을 잘 다루면서 활용하는 법, 무언가를 해내고 싶은 마음과
나 사이에 알맞은 거리를 설정하고 제대로 선을 긋는 법에 대해
이야기해보고자 합니다.

아무 이유 없이 계속해서 무기력하기만 해요

요 몇 달, 당최 의욕이 없습니다. 딱히 이유는 없는데, 일이나 일상생활 모두 재미가 없습니다. 예전처럼 일을 대할 때 진지하지도 않고, 다들 열심히 일하는 모습을 보면 죄책감이 듭니다. 무엇보다 하루하루가 너무 무료하게 흘러갑니다. 그렇다고 적극적으로 움직일 마음도 생기지 않아서 이대로 가다간 형편없는 인간이 될 것 같습니다.

의욕 수준을 점수로 매겨보세요

S는 40대의 베테랑 직장인입니다. 지식과 경험이 풍부하고 추진력도 있어서, 주위 사람들이 믿고 의지하는 존재입니다. 업무 효율이 높아서 야근도 많지 않고, 일 이외의 시간도 충실하게 보내고 있습니다. 그런데 요즘 들어 이유 없이 의욕이 생기지 않아 고민이라고 합니다.

저는 S에게 물었습니다.

"의욕이 없다고 느끼기 시작했을 무렵에 썼던 스케줄 수첩을 펼쳐보세요. 무슨 일이 있었나요?"

"석 달 전이면… 맞아요, 엄청 바빴어요. 아주 큰 프로젝트 마감이랑 집안 행사까지 겹쳐서요."

"그 당시 의욕은 10점 만점에 몇 점이었나요?"

"흠…. 정신없이 바쁘긴 했어도 다른 데 신경 쓸 것 없이 목표에만 집중하며 전력을 다했어요. 그러니 10점이라고 할 수 있겠네요."

"정신없이 바빴던 그때처럼 10점 이상으로 하루 24시간, 1년 365일 달리고 싶으세요?"

"…… 그러고 싶진 않아요. 힘들 것 같아요."

"그럼 평균 몇 점 정도면 좋을까요?"

"8점 정도요?"

"지금은 몇 점인데요?"

"3점이요."

"그때하고 지금의 의욕에 점수를 매기면서 어떤 생각이 들었어요?"

"의외네요. 가장 바빴을 때가 만점이라니. 다신 돌아가고 싶지 않을 만큼 너무 힘들었거든요."

S는 절레절레 고개를 흔들었습니다. 그러면서 다음과 같은 말을 덧붙였습니다.

"꼭 제 감정 상태가 긍정적일 때 의욕이 10점 만점인 건 아닌가 봅니다. 선생님과 이야기를 나누다 보니, 어쩌면 그때 그렇게 힘들어서 지금까지 번아웃burn-out 상태가 지속되는 것 같다는 생각도 드네요."

"요즘은 안 바쁜가요?"

"네, 그때 그 프로젝트가 1년 매출을 좌우할 만큼 큰 것이었는데, 잘 진행돼서 지금은 한가해요."

갑자기 S는 눈빛에 생기가 돌더니 빙긋이 웃었습니다.

"그러고 보니, 좀 더 바빠지면 자연스럽게 의욕이 솟아날 것 같은데요?"

조금만 쉬게 해줘

앞서 잠깐 이야기했지만, 저 역시 한때 무기력한 상태에서 벗어나지 못해 무척 힘들었던 적이 있습니다. 그때 들었던 심리학 수업에서 강사는 제게 의욕 그래프를 그려보라고 하더군요. 저는 대학 졸업 이후 지금까지의 의욕 상태를 인생의 큰 사건과 함께 간단히 그래프로 그려보았습니다. 제 인생의 의욕 그래프를 본 강사는 질문을 던졌습니다.

"날마다 120퍼센트로 살고 싶으세요?"

수업을 듣기 전까지만 해도 의욕이 불타오르길 바랐는데, 막상 질문을 받고 상상해보니 끔찍하게 느껴졌습니다. 그래서 "그러고 싶지 않아요" 하고 단호하게 대답했죠. 그와 대화를 나누면서, 저는 1년 중 3분의 1에 해당하는 4개월 정도만 열심히 달리면 충분하다는 사실을 깨달았습니다.

그 후로는 의욕이 없어도 '오늘은 나머지 3분의 2에 속하는 날이야' '다음을 위해서 충전하는 중이야'라고 생각하면서 억지로 의욕을 끌어내려고 애쓰지 않게 되었습니다.

열심히 노력해서 뭔가를 달성한 경험이 있는 사람은, 무슨 일을 할 때 '난 더 할 수 있어. 더 노력해야 해!' 하고 생각하게 마련입니다. 이런 이들은 마음도 몸만큼이나 중요한데, 마음의 건강은 가볍게 여기는 경우가 많습니다. 하지만 마음을 몸에 빗대면 '아, 그렇구나!' 하고 금방 깨닫게 되죠. 가령 매일 아침 마라톤 코스를 완주한다면 어떻게 될까요? 날마다 의욕을 120퍼센트 발휘한다는 건 그런 상태를 말합니다. 근육 운동도 마찬가지죠. 정기적으로 쉬어가면서 긴 시간 단련해야 근육이 단단해지듯, 마음 또한 적절한 휴식이 필요합니다.

열심히 몰두했던 일이나 커다란 프로젝트가 끝나면, 팽팽했던 긴장이 풀어지면서 자연스럽게 의욕이 사라진 것처럼 느껴집니다. 그저 의욕이 없는 듯 보여도, 실은 마음이 "조금만 쉬게 해줘" 하고 말하고 있는 상태죠.

까닭도 없이 의욕이 생기지 않을 때는 의욕이 없다고 느끼기 시작했을 때 무슨 일이 있었는지 기억을 더듬어보세요. 크게 좌절할 만한 일은 아니더라도 대개는 어떤 변화가 있었을 겁니다.

그다음, 그때와 지금의 의욕 상태를 점수로 표현해보세요. 저처럼 그래프를 그려보셔도 좋고요. 그러면 의욕 점수가 높았던 때가 꼭 행복한 순간은 아니라는 사실, 늘 그런 페이스로 살다간 몸도 마음도 완전히 번아웃되고 말 거란 사실을 깨달을 수 있을 거예요.

'그건 그렇다 치고, 그래도 빨리 의욕을 높이고 싶어' 하는 생각이 든다고요? 그렇다면 '의욕을 1점 올리려면 어떻게 해야 할까?'라고 스스로 질문을 던진 다음, 아주 작은 것부터 실행하면 됩니다. 이에 대해서는 바로 이어지는 본문에서 더 자세히 설명하겠습니다.

이상과 현실 사이

S의 이야기에는 의욕 말고도 중요한 요소가 들어 있습니다. 바로 알차게 보냈던 과거와 현재를 비교하며 그 간극 때문에 힘들어한다는 점입니다.

살다 보면 과거와 현재뿐 아니라, 이상과 현실의 간극 때문에 힘들 때도 많습니다.

나 중심 선택을 통해 미래를 설계하고, 그 미래를 꿈꾸며 차근차근 앞으로 나아가는 것은 물론 무척 멋진 일입니다. 하지만 당연하게도, 그 이상과 현실 사이에는 간극이 존재합니다. 그래서 이상에 가까워지려면 서두르지 말고 눈앞에 놓인 일을 하나하나 해나가야 합니다.

이상과 현실의 간극을 가늠하는 데도 스케일링을 활용할 수 있습니다. 이상을 10점 만점이라 한다면 지금은 몇 점인지,

1점 더 올리려면 어떻게 해야 할지 생각해 실행하는 방법이죠. 점수로 시각화하면 자극이 돼 계속 해내갈 마음이 생기기 때문에, 그런 과정을 반복하면 무척 좋습니다.

선 긋기의 기술

▶ 마음과 생각 일치시키기

마음 "지루해. 아무것도 하고 싶지 않아."
생각 "의욕이 없으면 사람이 망가져. 정신 차려야지."

언뜻 보기엔 마음과 생각이 협력하고 있는 것 같지만, 그럼에도 의욕이 생기지 않는 이유는 마음 깊은 곳에 다른 무언가가 있기 때문입니다. 일단 그게 뭔지 꺼내봐야겠군요. 그다음, 생각의 목소리가 정말 맞는 건지 확인할 필요도 있겠고요.

▶ 나에게 던지는 질문

"계속 의욕 100퍼센트로 살고 싶어?"

— 지금 '무기력한 나'라도 '의욕 100퍼센트의 나'였던 때가 분명 있었을 거예요. 그때 나는 어땠나요? 행복했을 수도 있지만, 힘들었던 순간도 많았을 거예요. 몸과 마음의 건강을 생각한다면, 너무 큰 의욕은 오히

려 제어해야 합니다.

— 나와 의욕 사이의 거리는 언제나 유동적이어야 해요. 둘 사이에 언제나 밀고 당길 수 있는 고무줄이 놓여 있다고 생각해보세요. 그리고 필요에 따라 거리를 조절하되, 가장 중요한 것은 내 몸과 마음의 건강임을 잊지 마세요.

— 지금 무기력하다고 느낀다면 그것은 언젠가 의욕 100퍼센트를 발휘하기 위해 잠시 쉬고 있어서 그런 거라 여겨보세요. 한결 마음이 편해질 거예요.

한번 기분이 가라앉으면 쉽게 회복되질 않아요

저는 조금이라도 언짢은 일이 생기면 한동안 기분이 가라앉습니다. 그냥 좀 시무룩한 정도가 아니라, 몸과 마음이 축 늘어져서 완전히 의욕을 잃고 맙니다. 일과 일상 모두에 영향을 끼치는 수준이죠. 이렇게 사소한 일에도 마음이 상해서 머뭇거리며 의욕을 잃고 마는 제가 싫습니다. 하룻밤 자고 나면 다 잊어버린다는 사람이 제일 부러워요. 저러면 세상 살기가 얼마나 편할까 싶어서요.

우선, 클리어링

T는 첫인상이 밝은 사람인데, 정작 본인은 "그렇게 보이도록 연기를 잘 할 뿐"이라고 합니다. 속상한 말을 들어도 그 자리에서는 아무렇지 않은 척해서, 자신이 상처받았다는 사실을 아무도 눈치채지 못한다고 합니다.

침울함이 오래가는 이유는 마음의 목소리를 억누르고 꾹 참으며 근본적인 문제를 해결하지 않았기 때문이죠. 그 자리에서 "난 그런 말 들으면 마음에 담아둔다고!" 하고 말할 수 있다면 참 마음이 편할 텐데 말입니다.

현재 기분이 가라앉는 일이 있는지 T에게 물어보니 있다고 하더군요. 그래서 일단 클리어링을 하기로 했습니다. 앞서 설명했듯이, 마음에 걸리는 일을 전부 털어놓고 응어리를 해소하는 것을 클리어링이라고 합니다. 클리어링을 하면 마음이 차분해지고, 내가 무엇에 사로잡혀 있는지 객관적으로 파악할 수 있어 좋습니다.

"가벼운 아이디어 회의 자리였어요. 친한 동료가 아이디어를 하나 냈는데, 제가 거기에 조금 말을 보탰어요. 딴에는 부족한 부분을 보완해 힘을 실어주려고 한 거였는데, 후배들도 많은 그 자리에서 저를 대놓고 망신 준 거예요. '그런 말은 뭐 하러 해?'라면서 제 말 때문에 자기 아이디어가 오히려 빛이 바랬다나요."

T는 지금도 그때 생각을 하면 속상한지, 입술을 질끈 물었습니다.

"물론 동료는 아주 가볍게 농담처럼 말했어요. 회의 분위기가 워낙 자유분방해서 그런 말쯤은 다들 대수롭지 않게 웃고 넘겼을 거예요. 그런데 시간이 지나도 그 말이 자꾸 생각나요. 요즘엔 회의를 해도 '내가 의견을 말해봤자 무시당할 게 뻔한데' 같은 생각이 들어 말을 아끼게 돼요. '일은 열심히 해서 무엇 하나' 같은 생각까지 들고, 그냥 아무것도 하기 싫어졌어요."

T는 고개를 떨구었습니다.

"그 동료에 대해 어떤 생각이 드나요?"

"너무하다 싶어요. 어떻게 그렇게 함부로 말할 수 있는지, 제가 평소에 얼마나 챙겨줬는데 싶고요. 똑같이 갚아주고 싶어요."

"자, 이제 크게 심호흡을 해보세요."

T는 천천히 심호흡을 하면서 감정을 가라앉혔습니다.

"이렇게 털어놓기 전과 지금, 의욕 수준을 10점 만점으로 가늠한다면 각각 몇 점인가요?"

"털어놓기 전에는 4점, 지금은 6점 정도요."

"동료에 대한 감정을 지금 당장 해소할 순 없어요. 우리가 할 수 있는 건 우리 마음을 다스리는 것뿐이죠."

"네, 저도 알아요. 시간이 해결해줄 거라 믿어야죠."

"다행이네요."

저는 T를 위해 많은 격려를 해주었습니다.

의욕을 높이는 방법

"이제 클리어링을 했으니, 의욕 문제로 넘어가볼까요?"

"네, 정말 절실해요. 다운된 기분을 끌어올려야 해요."

"의욕을 1점 높이려면 어떻게 해야 할까요?"

"글쎄요…."

"어렵게 생각하지 마세요. 고작 1점이잖아요."

"잘 모르겠어요."

저는 저의 이야기를 들려주기로 했습니다.

"어렵게 생각하지 말고, 기분 전환하는 방법을 떠올려보세요. 저 같은 경우에는 의욕이 조금 올라간다는 생각이 들 때마다 노트에 메모를 해두곤 하는데요. 그 노트엔 '공원 산책하기' '해피엔딩 영화 보기' '제일 친한 친구와 이야기하기' '일광욕하기' '들이마시는 데 집중하며 호흡하기' 등등이 적혀 있어요."

"그렇게 말씀하시니, 떠오르는 게 있어요. 저는 청소를 하다 보면 기분이 상쾌해져요."

"바로 그거예요! 기분 전환하는 방법은 사람마다 달라요. 그래서 '이걸 하면 의욕이 생긴다' 하는 방법을 몇 가지 찾아두면 좋아요. 의욕을 점수로 표현하면서 여러 방법을 시험해보면, 그 나름대로 재미도 있어요. 또 '아, 하늘을 올려다봤더니 1점 올라갔네?' 하고 내 마음이 어떻게 움직이는지 깨닫게 되어, 나와 더 친해질 수도 있죠."

이케가야 유지와 카피라이터 이토이 시게사토糸井重里의 대담을 담은 책 《해마海馬》를 보면 의욕을 언급한 부분이 있습니다. 그 책에 따르면, 의욕은 뇌의 측좌핵側坐核이라는 곳에서 생겨난다고 합니다. 측좌핵 신경세포는 평소에는 거의 활동하지 않고 자극을 받았을 때만 활동합니다.

그래서 이케가야 박사는 "의욕이 없을 때도 일단 시작해야 한다"고 말합니다. '시작한다'는 행위로 시동을 걸면, 나머지는 측좌핵이 스스로 움직여서 나도 모르게 집중 모드로 전환되기 때문입니다. 내 기분이 좋아지는 방법을 찾으면 여러 의욕 스위치를 비축해둘 수 있다는 사실, 여러분도 꼭 기억하시기 바랍니다.

선 긋기의 기술

▶ 마음과 생각 일치시키기

마음 "침울해하면서 매사 머뭇거리는 내가 싫어."
생각 "신경을 끄면 살기 편할 것 같아. 해결책을 찾고 싶어."

누구나 침울한 일이 있으면 선뜻 움직이지 못하고 머뭇거립니다. 객관적으로 봤을 때는 별로 큰일이 아닐지라도, 바닥이 까마득한 늪에 빠진 듯 기분이 가라앉을 때도 있죠. 해결책을 찾고 싶다고 말하는 이유는, 침울함에서 빠져나오는 나만의 방법을 아직 모르기 때문입니다.

▶ 나에게 던지는 질문

"의욕을 1점 높이려면 어떻게 해야 할까?"

— 무기력증은 감정 문제로 생기는 경우가 많습니다. 상처받은 일이 무기력증을 불러오는 것이죠. 나에게도 그런 일이 있었던 건 아닌지 한 번 기억을 떠올려보세요.

— 이 경우, 감정을 털어내는 클리어링 작업이 최우선으로 해야 할 일입니다. 나의 무기력증을 불러온 '상처받은 사건'에 대해 누군가에게 충분히 이야기하거나 최소한 글을 써서라도 모두 털어놓아야 합니다. 이렇게 되면 나 자신과 그 사건을 어느 정도 분리해 사건 자체를 객관화할 수 있죠. 어느 정도 거리를 두게 된다는 얘기예요. 그렇게 그 사건과 거리를 두고 그 사이에 경계선을 명확히 그은 다음, 다시 앞으로 나아가야 합니다.

— 가라앉은 의욕을 다시 끌어올리고 싶다고 무리해선 안 됩니다. 조금씩 조금씩, 좋은 기분을 만드는 작은 습관부터 실행에 옮겨보세요. 어느새 에너지가 100퍼센트 충전된 나를 만나볼 수 있을 거예요.

해야겠다는 생각만 하고 정작 행동으로 옮기질 못해요

특별한 계기 없이 그냥 배워두면 좋을 것 같아서 영어 공부를 하기로 결심했어요. 교재도 사고, 귀가해서 매일 밤 1시간씩 공부하기로 계획을 세웠죠. 그런데 막상 밤이 되면 몸도 피곤하고 귀찮아서 '내일부터 하자' '주말에 몰아서 하면 되지' '다음 주부터…' 하고 변명을 해가며 미루고 있습니다.

하고 싶은 일? 꼭 해야 하는 일?

U는 영어를 쓰지 않는 직장에서 일하고 있지만, 언젠가 필요해질지도 모른다는 생각에 토익 공부를 시작했습니다. 매일 밤 1시간씩 공부하기로 계획을 세웠지만, 몸이 피곤할 때는 '좀 나중에 하면 어때' 하고 맥주를 마시며 TV를 봅니다. 그리고 모처럼 몸 상태가 좋을 때는 청소에 열을 올립니다.

날마다 '내일부터 해야지!' 하고 마음먹지만, 실제로 하는 날은 일주일에 하루, 이틀이 고작이죠. 이 상태로 가면 목표도 달성하지 못할 테고, 자신이 계속 한심하게 느껴질 것 같다고 합니다.

저는 U에게 물었습니다.

"영어를 잘하면 앞으로 무슨 일이 생길까요?"

"외국에서 일하게 되거나 외국으로 여행을 갔을 때 현지인하고 이야기할 수 있겠죠."

"혹시 지금 다니는 회사에서 토익을 몇 점 이상 취득하라고 요구하고 있나요?"

"그렇진 않고 제가 하고 싶어서 시작했습니다."

대화를 해보니, U는 '하고 싶은 마음'과 '꼭 해야 한다는 생각'을 잘 구분하고 있지 못한 것 같았습니다.

"외국에서 일하고 싶어요?"

"글쎄요, 꼭 그런 건 아니지만 왠지 멋지잖아요?"

"해외여행 경험 있어요?"

"네. 아시아 국가들이랑 영국에도 한 번 가봤어요."

"그때 의사소통은 어떻게 했나요?"

"영어랑 손짓 발짓 섞어서 좀 하긴 했죠. 단어만 말해도 뜻이 통하긴 하잖아요."

"그런데 굳이 왜 영어를 잘하려고 해요?"

"못하면 좀 창피하잖아요."

U는 여행을 갔을 때 유창하게 영어를 쓰지 못했던 게 부끄러웠다고 했습니다. 분명 '불편하다'가 아니라 '창피하다'고 말했죠.

"자, 지금까지 대화 나눈 걸 정리해볼게요. 영어를 잘하게 되면, 나중에 '혹시' 외국에서 일하게 됐을 때 편할 거고, 외국으로 여행을 갔을 때 '창피하지 않을 것' 같다고 했어요. 맞아요?"

"네, 맞아요."

"이 이야기에서 뭐 느껴지는 것 없나요?"

U는 멋쩍은 듯 웃으며 이야기했습니다.

"제가 왜 자꾸 영어 공부를 미루는지 알 것 같아요. 지금 당장 토익 점수를 올릴 이유가 없어서 그런 거네요. 영영 필요하

지 않을지도 모르고요."

"그럼 앞으로 어떻게 할 거예요?"

"괜히 스트레스를 받아가며 토익 공부를 할 게 아니라, 제가 좋아하는 미국 드라마나 실컷 봐야겠어요. 자막 없이요. 그러다 보면 자연스럽게 영어 실력이 늘겠죠. 뭐, 늘지 않아도 할 수 없고요."

'하면 좋은 것'은 과감히 버려

정말 중요한 과제나 시험이 있어도 해야 할 일을 하기 싫을 때가 있습니다. 결국 마지막까지 제대로 해내지 못할 경우, 그로 인한 결과는 온전히 자기가 감당해야 하죠. 그런 일을 겪고 나서도 제대로 해내지 못하는 사람이라면 이 책이 답을 주지 못할 거예요. 하지만 대부분의 사람은 꼭 해야 하는 일이 있을 경우 결국 해내기 때문에, 언뜻 보기에 지금 본인의 상태가 멈춰 있는 듯해도 걱정할 필요가 없습니다.

문제는 꼭 해야 하는 일이 아닌데도 그것 때문에 스트레스를 받는 사람들입니다. 결심한 일을 자꾸 미루게 된다면, 먼저 스스로에게 이런 질문을 던져 보세요.

"정말 해야 할까?"

여러분 중에는 'nice to have(하면 좋은 것)'를 'should(해야 하는 것)'와 혼동하는 사람이 많습니다. nice to have는 'want(하길 원하는 것)'가 아니라, 어디까지나 '하면 좋은 것'입니다. 살다 보면 당연히 의욕이 없을 때도 있습니다. 그럴 때는 꼭 해야 할 것처럼 느껴지는 일을 그만두거나, 오히려 의욕이 없는 시기를 즐기는 방법을 찾아볼 수도 있습니다.

'하면 좋은 것'을 '하길 원하는 것'으로

"꼭 해야 할 필요는 없지만, 하면 좋다면서요. 의욕을 끌어올려 할 수 있도록 해주셔야죠."

볼멘소리로 이렇게 말씀하시는 분들의 이야기가 여기까지 들리네요. 맞습니다. 하면 좋은 일은 안 해도 된다는 뜻으로 그런 말씀을 드린 건 아니에요. 다만 하면 좋은 일을 못 했다는 자괴감 때문에 스스로를 괴롭히지 말라는 이야기를 하고 싶었던 거예요.

강의를 하다 보니, 우리에겐 3대 '하면 좋은 것'이 있더군요.

- 영어 공부
- 다이어트
- 아침형 인간

하면 좋은 것은 결코 필수적이지 않기 때문에, 계속 그 단계에 놓아두면 의욕을 끌어내기가 쉽지 않아요. 그렇다면, 이것을 '하길 원하는 것'으로 바꾸어보면 어떨까요?

- 영어 공부 → TED 무대에 서서 영어로 강연을 해 청중을 감동시키는 모습
- 다이어트 → 모델처럼 타이트한 옷을 입고 멋진 연인과 데이트하는 모습
- 아침형 인간 → 텅 빈 전철에서 여유롭게 책을 읽으며 출근하는 모습

어떤가요? 이전보다는 훨씬 의욕이 샘솟지 않나요? 이렇게, 하면 좋은 것을 했을 때 벌어질 수 있는 가장 멋진 모습, 원하는 내 모습을 상상해보세요. 그리고 그것을 그림으로 그리거나 글로 적어서 어딘가 내가 자주 볼 수 있는 곳에 붙여놓아도 좋아요. 너무 귀찮아서 다 포기하고 싶다가도, 그런 방법으로 시

각을 자극하다 보면 어느새 전보다 훨씬 의욕적으로 무언가를 시도하는 자신을 발견하게 될 거예요.

선 긋기의 기술

▶ 마음과 생각 일치시키기

마음 "다 귀찮아."
생각 "영어는 일할 때나 여행 갈 때 써먹을 수 있으니까 배워둬야 해."

누구나 한 번쯤 경험했을 법한 사례로군요. 막상 공부를 시작하려고 하면 귀찮아져서 TV를 보거나 스마트폰을 만지작대면서 시간을 보낼 때가 많죠. 할 일을 계속 미루게 되는 이 현상은 생각과 마음, 어느 한 쪽도 바른 대답을 갖고 있지 않을 때 생깁니다.

▶ 나에게 던지는 질문

"그거, 정말 해야 하는 일이야?"

— 꼭 해야 하는 일이 아닐 때 무기력증이 찾아올 수 있습니다. 어쩌면 이것은 무기력증이라기보다는 책임감 부족에서 발생하는 당연한 결과일 수도 있어요. 그러니, 내가 지금 미루고 있는 이 일이 내가 스트레스를 받으면서까지 꼭 해야 하는 일인지 먼저 판단해보세요.

— 하면 좋은 것일지라도 꼭 이루어보고 싶다면, 먼저 그것으로 인해 내가 스트레스를 받지 않을 만한 계획을 다시 세워보세요. 내가 스트레스를 받으면서까지 그 일과 나를 밀착시켜선 안 돼요. 매일 3시간씩 투자하려고 했다면 30분으로, 내 생활이 방해받지 않을 만한 수준으로 조정해보세요. 그리고 그 일과 나 사이의 경계선을 확실히 해, 그 외 시간에는 다른 것에 집중합니다.

— 하면 좋은 것을 원하는 것으로 만들기 위해 구체적인 그림을 그려보세요. 전보다 그 일을 준비하는 게 훨씬 즐거워질 거예요. 어떤 일이든 내가 행복해질 수 있는 방법을 최우선으로 고민하는 것, 잊지 마세요.

의욕을
가져야겠다는
생각조차 들지 않네요

저는 일이나 가정 환경 모두 주변 사람들에 비해 복 받은 편이라고 생각합니다. 그런데 몇 년 전부터 의욕이 완전히 사라졌어요. 한동안 어떻게든 의욕을 가져보려고 애써봤지만 실패했습니다. 지금은 의욕을 가져야겠단 생각조차 들지 않습니다. 날마다 타성에 젖어 살면서 '정말 이렇게 살아도 될까?' 하는 생각에 자괴감만 듭니다.

의욕 그래프를 그려보자

30대의 싱글남 V는 지난 몇 년간 주어진 일만 최소한으로 하고, 누가 만나자고 해도 거절했습니다. 집안일은커녕 식사도 편의점 간편식이나 외식으로 해결했고, 청소도 거의 하지 않았습니다. 어쩌다 집에 들른 어머니가 "집안 꼴이 이게 뭐냐?"고 하시며 종종 청소를 해주셨다고 합니다.

옛날에는 스스로 제안해서 일거리를 만들고, 주말에는 친구들과 어울리거나 책도 보고 자격증 공부도 했습니다. 집에 빨리 들어오는 날에는 직접 요리를 했고, 친구들을 집에 초대하기도 했습니다. 친구들이 "V네 집은 언제 봐도 참 깨끗해"라고 할 정도로 청소와 정리정돈을 열심히 했죠.

그래서 V는 이 모든 것이 자기 의욕 문제라 생각하고, 의욕을 높이는 책을 읽거나 인터넷을 검색해서 네티즌들이 추천하는 해결법대로 실천해봤지만 잘 되지 않았습니다. 오히려 의욕을 가져야겠다는 생각조차 점점 사라졌다고 하는군요.

"의욕을 가져야겠다는 생각조차 안 들어요. 그러면 그럴수록 자괴감이 심해져 내가 인간 쓰레기인 것 같기도 해요. 이러고도 살아야 하나, 나는 대체 왜 사나 하는 생각마저 들고요."

"곰곰이 생각해보세요. 혹시 이렇게 무기력해지게 된 결정적인 사건이 있었던 것 아닌가요?"

V는 한참 동안 고민해봤지만 그런 일은 없었다고 했습니다.

"저도 제가 왜 이러는 건지 궁금해요. 특별한 계기가 정말 없었어요."

"하는 수 없네요. 그럼 의욕 그래프를 한번 그려볼까요?"

"의욕 그래프요?"

"네, 과거 편한 시점부터 지금까지 당신 인생에 있었던 주요 사건들을 중심으로 의욕 수준을 표시해보는 거예요. 한번 자유롭게 그려보세요."

V는 몇 번을 쓰고 지워가며 그래프를 그렸습니다. 처음에는

의욕 그래프

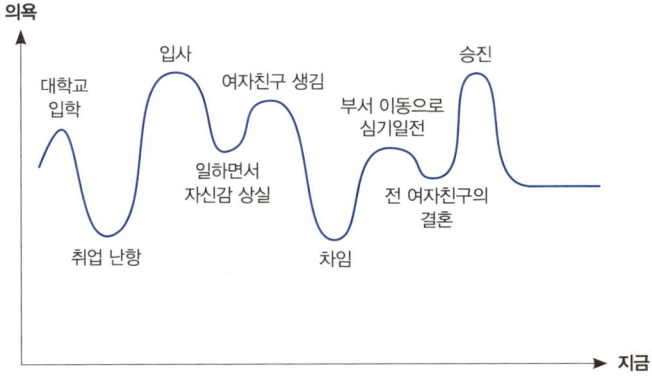

자기 인생에 있었던 주요 사건들을 기입했고, 여기에 그 사건들이 있었을 당시의 의욕 수준을 선 그래프로 표시했습니다.

"자, 그래프를 보고 뭐 깨달은 점이 있나요?"

"네, 그래프로 그리니 한눈에 들어오네요. 변화와 의욕이 연동되어 있어요. 지금은 생활하는 데 딱히 변화가 없어서 그래프가 평탄한가 봐요. 수치는 낮지만 안정되어 있다는 뜻이겠죠."

조금 무기력해도 괜찮아

저는 V가 이제 스스로 답을 찾았다는 생각이 들었습니다. 그래도 확실히 할 겸, 쐐기를 박는 질문을 던졌죠.

"이대로 죽을 때까지 의욕 그래프가 오르락내리락하지 않는 일이 가능할까요?"

"아니요, 앞으로도 일이 바뀌거나 연인이 생기거나 하는 변화는 있을 테니까 다시 오르락내리락할 거예요."

"그렇다면 지금 의욕이 없다는 게 정말 문제일까요?"

"생활하는 데 지장 없고, 남들한테 폐를 끼치지도 않으니까 별 문제 아니네요. 의욕은 언젠가 다시 생길 테고요."

V의 그래프를 보셔서 아시겠지만, 의욕적인 상태와 무기력

한 상태는 번갈아가며 나타나게 마련입니다. 그렇게 울퉁불퉁하고 오르락내리락하는 게 자연스럽죠.

문제는 이런 굴곡이 너무 자주, 심하게 나타나는 그래프입니다. 지나치게 의욕적이었다가 곧 무기력해진다면, 게다가 이 두 상태의 정도가 지나치게 차이 난다면, 이것은 전문가의 도움이 필요할 수도 있는 심각한 문제일 수 있습니다.

하지만 우리 대부분은 V의 그래프 정도입니다. 굴곡이 있긴 하지만 그렇게 자주 바뀌거나 그 폭이 심하게 가파르진 않죠. 또, 우리는 '무기력하다' '의욕이 넘친다'의 극단적인 두 가지 상태만 경험하는 게 아닙니다. 그 사이에는 다양한 상태가 있을 수 있습니다. 조금 무기력하다고 해서 이것이 심각한 문제는 아니며, 또 이 상태가 영원히 지속될 리 없다는 것입니다. 먼저 이 점을 정확히 인지해야 합니다.

시간이 해결해줄 거야

"의욕이 없는데 억지로 쥐어짜는 게 오히려 더 나쁩니다. 그건 마치 차에 기름을 넣어야 하는데 정차하지 않고 시속 4킬로미터로 찔끔찔끔 움직이는 거나 마찬가지라고요."

제 스승께서 해주신 말씀입니다. 정말 정확한 비유 아닌가요?

최근 몇 년간 무기력한 상태가 이어지는 걸로 봐서, 인생 내내 그런 상태에서 벗어나지 못할 것 같다고 걱정했던 V도 몇 달 후 저를 찾아와 이렇게 말했습니다.

"그 상태가 영원히 갈 리 없을 거라 생각했더니, 오히려 홀가분해지면서 그 상태를 즐기게 되더라고요. 새로운 일을 벌이려고 하지 않고, 그냥 집에서 차분하게 제가 좋아하는 영화도 보고 책도 보며 시간을 보냈어요. 그랬더니 '이제 좀 밖으로 나가볼까?' 하는 생각이 들었어요. 지금은 예전처럼 의욕적으로 살고 있어요."

특별한 계기가 없어도 무기력감을 느낄 수 있고, 역시나 특별한 계기가 없어도 그 상태에서 빠져나올 수 있습니다. 그러니 '뭐 어때, 충전하는 기간인가 보지' 하면서 지금 상태를 있는 그대로 받아들이세요. 그래야 다음에 행동할 에너지가 쌓이고, 무기력한 상태에서 빠져나오는 시점이 오히려 빨라집니다.

저도 그런 적이 있습니다(사실 꽤 많았죠). 그래서인지 이제 게으름을 피우는 데도 도사가 된 것 같습니다. 아예 조급한 마음을 탁 놓아버리자, 점점 더 '무언가 해야겠다!' 하는 마음이 드는 시기가 오히려 앞당겨지더군요. 정신적으로 편해진 건 물론이고요.

선 긋기의 기술

▶ 마음과 생각 일치시키기

마음 "의욕을 가져야겠다는 생각조차 안 들어. 그런데 자괴감이 느껴져."
생각 "이렇게 살아도 될까?"

마음은 의욕을 갖고 싶지 않다고 하는데, 생각은 "이렇게 살면 안 돼!" 하고 질책하고 있어서 자괴감에 빠지는 겁니다. 일단 '꼭 의욕을 가져야 한다'는 선입견에서 벗어나는 편이 좋겠군요.

▶ 나에게 던지는 질문

"이 상태가 영원히 계속될 것 같아?"

— 특별한 원인이 없어도 무기력증에 빠질 수 있습니다. 심지어 그런 상태가 몇 년간 이어질 수도 있죠. 이럴 때는 '의욕 그래프'로 내 삶의 전반적인 의욕 수준이 어떻게 흘러왔는지 점검해보세요.

— 의욕 그래프를 보며, 무기력한 나를 미워했던 마음과 나 사이에 절취선을 긋고 완전히 작별해보세요. 실제로 머릿속에서 그 모습을 이미 지화해보면 훨씬 더 재미있고 쉬워집니다.

— 그냥 기다리세요. 그리고 지금 이 순간을 즐기는 겁니다. 이 상태에서 할 수 있는 것들을 하면서요. 그러다 보면 어느새 의욕이 나를 먼저

찾아올 거예요.

혹 그렇지 않다고 해도 그게 큰 문제일까요? 주위에 피해를 주는 것이 아닌 이상, 무기력한 상태를 즐길 수 있는 것도 하나의 축복입니다. 이 축복을 마음껏 누리시길 바랍니다.

 더 읽어보기

당신에게도 '좋아하는 것 노트'가 있나요?

한국에서 2018년 방송돼 큰 화제를 불러왔던 드라마 〈마더〉는 동명의 일본 드라마를 리메이크한 것으로 알려져 있죠.

일본 드라마 〈마더〉는 2010년에 방송이 되어 큰 반향을 일으켰는데요. 이 드라마에서 친엄마에게 학대받는 아동으로 등장하는 주인공 레나는 자기가 좋아하는 것들을 소중하게 적어 놓은 이른바 '좋아하는 것 노트'를 들고 다닙니다. 그리고 힘들거나 슬플 때 그 노트를 들여다보며 행복한 기분을 떠올리죠. 그 노트에는 다음과 같은 것들이 적혀 있습니다.

- 고양이와 눈 맞춤
- 눈 밟는 소리

- 밤하늘의 구름
- 크림 소다
- 하얀색 크레파스
- 귤 젤리 안에 들어 있는 귤 알갱이
- 비 내린 길목 냄새
- 자전거 뒷자리
- 가슴이 두근두근하는 것

...

여러분에게도 바라보기만 해도 행복해지는 것들 혹은 장면들이 있나요? 그렇다면 기분 좋은 순간들을 놓치지 말고, 이렇게 노트에 메모해보세요. 그리고 기운이 없을 때 펼쳐보는 겁니다. 좋아하는 것을 만났던 순간이 떠오르면서 그때의 좋은 기분이 나를 다시 끌어올려 줄 거예요.

7
나와 자신감의 관계

PDCA를 돌려요

아무리 다른 사람이 "넌 자신감 가져도 돼" 하고 말해도 '그래야지' 하기가
쉽지 않습니다. '이제부터 자신감을 가져야지' 하고 마음먹는다고 해서 되는 일도
아니죠. 그렇게 될 일이었다면 고민할 필요도 없었을 겁니다.

자신감을 조금씩 높이려면 작은 성공 경험을 쌓아가야 합니다. 그럴 때 PDCA를
돌리면 큰 효과가 있습니다. 이 말은, 일을 원활하게 진행하는 기법 중 하나인
'PDCA 사이클'을 활용한다는 뜻입니다. P는 Plan(계획), D는 Do(실행),
C는 Check(확인), A는 Act(개선)를 가리키죠. A까지 가면 다음 P로 연결해
계속 순환하면서 향상을 도모합니다.

PDCA 돌리기를 자신감 향상과 연결하면 다음의 과정이 진행됩니다.

- 1단계: 언제 자신감 있는 상태인지 연상한다.
- 2단계: 그 상태에 가까워지려면 어떻게 해야 할지 생각해서 실행한다.
- 3단계: 실행한 다음에 돌이켜본다.
- 4단계: 순조롭게 진행되었다면 같은 과정을 반복한다.
  그렇지 않을 때는 다른 방법을 생각해 실행한다.

이 네 단계를 밟으면 '내가 이뤄낸 일'이 하나씩 생기고, 그런 성공 경험이 쌓여가면서
스스로를 믿게 됩니다. 이번 장에서는 PDCA가 자신감을 높이는 데 어떻게 도움이
되는지 사례를 통해 살펴보겠습니다.

자꾸 다른 사람들의 눈치를 보며 괴로워해요

시도 때도 없이 남들 눈치만 살피는 제가 싫습니다. 내 말을 상대방이 어떻게 생각할지가 신경 쓰여서 언제나 벌벌 떨며 행동하느라 피곤합니다. '그 말 때문에 그 사람이 상처받았으면 어떡하지?' 하고 나중에 이런저런 생각을 하며 괴로워할 때도 많습니다. 이런 제 소심한 성격을 바꾸고 싶습니다.

착한 아이, 좋은 사람이라는 저주

W는 철이 든 후로 줄곧 남의 눈치를 살폈다고 합니다. 부모님이나 주위 어른들이 '착한 아이'라고 인정할 만한 말과 행동을 고수했죠. 때때로 하고 싶은 말은 뭐든 하고 마는 여동생이 부럽기도 했지만, 그녀가 부모님께 혼나는 모습을 볼 때마다 '역시 착하게 굴길 잘했어' 하는 생각이 들었다고 합니다. 학창 시절에도 어떤 행동을 할 때 상대가 좋아할지 아닐지를 기준으로 삼았던 W는 친구들에게서나 선생님들에게서나 좋은 아이라는 칭찬을 자주 들었습니다.

성인이 되면 가치관이 다른 사람과 얽힐 일이 많아지기 때문에, '저 사람이 나를 어떻게 생각할까?' '어떻게 행동해야 좋아할까?'를 생각하는 게 여간 큰일이 아닙니다. 그래서 사람을 대하는 일 자체가 피곤하게 느껴지기도 하죠. W는 대화가 끝난 후에도 '이렇게 말할걸' 하고 곱씹고 또 곱씹다 보면 자괴감이 커져 날마다 한숨이 나온다고 합니다.

어떤 상황에서든 내 생각을 억누르면 당연히 피곤해집니다. 그러나 하루아침에 나 중심 선택 모드로 변화하기는 힘들기 때문에, 우선 '이거면 할 수 있을 것 같아!' 하는 정도가 무엇인지 찾아야 합니다.

"최근 남의 눈치를 살폈던 일 중에서 가장 기억에 남는 게 무엇이었나요?"

W는 잠시 생각하더니 이렇게 대답했습니다.

"친구랑 수다를 떨다가 다른 친구 이야기가 나왔는데, 험담 비슷하게 흘러갔어요. 말이 나온 친구는 제가 좋아하는 친구이기도 하고, 그 친구가 그렇게 행동한 데는 무언가 이유가 있겠지 싶어 잠자코 듣고만 있었는데, 이야기하던 친구가 '너도 그렇게 생각하지 않아?' 하고 묻더라고요. 그래서 저도 모르게 '응, 맞아' 하고 대답하고 말았어요. 그러고 나니 정작 내가 하고 싶었던 이야기는 그게 아닌 데다 좋아하는 친구에 대해 나쁜 행동을 한 것만 같아 자괴감도 들고, 죄책감도 들었어요. 제가 정말 싫었어요."

원래 무슨 말을 하고 싶었더라…

'남의 눈치를 살핀다'는 W의 말은 아무래도 '내 생각을 정확하게 전달하지 못한다'는 뜻인 것 같았습니다. 저는 W에게 물었습니다.

"원래는 무슨 말을 하고 싶었어요?"

"난 그렇게 생각 안 해. 걔도 어쩔 수 없어서 그런 거잖아' 하고 받아치고 싶었어요."

"만약 똑같은 일이 생긴다면 지금 했던 말 그대로 할 수 있겠어요?"

"… 자신 없어요."

"그럼 최소한 어느 정도면 말할 수 있겠어요?"

"'나는 아닌 것 같은데' 정도?"

"그 친구가 '왜?' 하고 물으면요?"

"'내가 겪어봐서 아는데, 걔는 그럴 사람이 아니야' 하고 대답할 것 같아요."

여기까지 이야기를 마치고, 저는 W에게 평소 자기 생각을 전달할 때 '어느 정도면 말할 수 있는지' 생각해보게 했습니다. W가 "싫다, 좋다 정도는 말할 수 있을 것 같아요"라고 해서, 우선 그것부터 실행해보기로 했습니다.

내가 말할 수 있는 정도까지만

갑자기 속마음을 전부 드러내는 데는 용기가 필요합니다. 그렇다면 당장이라도 실천할 수 있는 작은 첫걸음이 뭔지 생각해보면 어떨까요?

남의 눈치를 살피느라 내 의견을 말하지 못할 때는 최근 남의 눈치를 살폈던 구체적인 일화를 떠올려보세요. 그때 원래 무슨 말이 하고 싶었는지, 최소한 어느 정도면 말할 수 있을 것 같은지 자문해봅니다. 그 답을 찾으면 날마다 실천할 수 있는 행동의 힌트가 보입니다.

물론 정해진 방법은 없습니다. 가장 나다운 방법을 찾아야 하는데, 그런 방법은 반드시 있습니다. 여러 방법들을 시험하다 보면, 점점 내 생각을 말할 수 있게 됩니다. 그러면 머지않아 예전만큼 남의 눈치를 살피지 않는 나를 발견하게 될 것입니다.

의사 전달법 중에는 '나 전달법I-message'과 '너 전달법YOU-message'이란 것이 있습니다. 의사 전달은 주어를 누구로 하느냐에 따라 느낌이 크게 달라집니다. 가령 상대와 의견이 다를 때 '당신은 틀렸다'는 뜻이 담긴 너 전달법을 활용하면 듣는 사람은 기분이 상합니다. 하지만 내가 주어인 나 전달법을 써서 '난 이렇게 생각한다'고 말하면, 비교적 관계에 생채기를 내지 않고 내 생각을 전달할 수 있습니다.

누군가의 노력을 평가할 때도 마찬가지입니다. "그렇게 애써줘서 고마워"라는 말을 들으면 어떤 느낌이 드나요? 이는 내가 어떻게 느꼈는지를 표현하는 나 전달법으로 한 말인데요. 상대와 내가 수평적 관계라는 뉘앙스를 주기 때문에, 이 말에는 '격려'의 의미가 강합니다.

반면 "그렇게 애쓰다니 장하군"이란 말은 너 전달법으로 한 말입니다. 이 말은 상대와 내가 수직적 관계이고 내가 우위에 있다는 뉘앙스를 풍기기 때문에 '칭찬'의 의미가 강합니다. 칭찬이나 격려 모두 좋은 의사 표현이지만, 기왕이면 격려가 더 기운이 나고 좋겠죠.

이는 상사와 부하직원 관계든 부모·자식 관계든 어디에나 통용되는 진리입니다. 상대가 기뻐하는 모습을 보면 내가 기여했다는 느낌을 받기 때문에, 격려는 스스로 행동하게 하는 기폭제가 됩니다. 그와 반대로, 칭찬은 더 인정받고 싶다는 마음을 자극해 남 중심 선택 모드를 고착화시키죠. 그러니까 기왕이면 나 자신에게도 칭찬보다는 격려를 해주세요.

또한 나 전달법으로 남의 의견을 묻거나 내 의견을 전달하면, 남 중심 선택에 휘둘리는 일이 줄어듭니다. 나 전달법을 활용해 내가 할 수 있는 수준의 말을 상대에게 해보세요. 의사 표현을 하는 것이 조금은 편해질 거예요.

선 긋기의 기술

▶ 마음과 생각 일치시키기

마음 "남들 눈치 보면서 행동하기도 피곤해. 이런 내가 싫어."
생각 "나도 이제 성인이잖아. 성격을 바꾸고 싶어."

마음과 생각은 일치하고 있지만, "내가 싫어" "성격을 바꾸고 싶어"라고 하면서 제자리를 맴돌고 있군요. 어떤 순간이 싫은지 정확하게 인지하고, 장차 바라는 모습을 그려봐야 할 것 같습니다.

▶ 나에게 던지는 질문

"원래는 무슨 말을 하고 싶었어?
최소한 어느 정도면 말할 수 있을 것 같아?"

— 주변에서 '착하다'는 평가를 받는 사람일수록 정작 본인은 타인에게 하고 싶은 말을 하지 못해 속을 끓이는 경우가 많습니다. 이런 사람이 단번에 달라져 하고 싶은 말을 다 하고 살 수는 없겠죠. 답답하겠지만, 이런 자기 자신을 인정하는 게 먼저입니다. 그래야 흔들리지 않는 '나 중심 선택'을 할 수 있습니다.

— 나 중심 선택 모드에서 내가 할 수 있는 수준의 의사 표현이 어느 정도인지 파악해봅니다. 그리고 한 걸음 내디딘다는 기분으로, 그 수준에서 자기 생각을 표현해봅니다. 지금의 나(원래 나)와 하고 싶은 말을 마음껏 하는 나(되고 싶은 나) 사이의 간격을 조금씩 줄여간다고 생각해보세요.

─ 나 전달법을 사용하면 의사를 표현하는 데 자신감이 붙을 수 있어요. "그 말은 좀 아닌 것 같은데"보다는 "나는 이런 것 같아"라고 말하는 게 나도 쉽고, 상대에게도 불편하지 않습니다. 나 전달법은 상대와 나 사이에 기분 나쁘지 않은 선을 긋는 최고의 방법입니다.

성격이 우유부단해서 스스로 결정을 내리지 못해요

성격이 우유부단해서 평소에 무엇을 먹고 어떤 걸 살지, 아주 사소한 일도 스스로 결정하기 힘듭니다. 기껏 시간을 들여 고민해서 결정해도 후회하고, 누군가와 의논해서 조언을 따라도 결국 후회합니다. 그래서 조언해준 사람한테 불평한 적도 있습니다. 제 성격이 우유부단한 원인을 찾아서 해결하고 싶습니다.

원인보다 방법

X는 스스로 자신감을 가지고 결정을 내리는 일이 거의 없다고 했습니다. 친구랑 식당에서 밥을 먹을 때도 친구는 금방 메뉴를 정하는데, 자기는 뭘 골라야 할지 몰라 한참 고민하다 친구랑 같은 메뉴를 주문할 때가 대부분이라는군요. 또한 친구는 맛있게 먹는데, X는 '다른 메뉴로 주문할 걸 그랬나?' 하고 망설이고 후회하느라 음식 맛을 제대로 즐기지 못합니다. 옷을 살 때도 마찬가지여서 결국 후회하고 맙니다. 그런 자신이 너무 싫어 우유부단한 성격의 원인을 찾아 해결하고 싶다고 했습니다.

무엇보다 원인을 찾고 싶어 하는 심정은 충분히 이해합니다. 스스로 결정을 내리지 못하는 성격 때문에 괴롭고 생활하기 힘들다면, 그렇게 된 원인을 찾아 심리 상담을 받는 것도 좋은 방법이죠.

하지만 보통 우유부단한 성격 때문에 심리 상담을 받는 사람은 많지 않습니다. 늘 나를 괴롭히는 고민이라 해도 그것이 상담을 받을 수준의 문제는 아니라는 것인데요. 이럴 때는 원인을 찾으려고 하기보다 '어떻게 하면 스스로 결정할 수 있을까?'를 먼저 생각해 해결책을 찾아보는 편이 좋습니다.

스스로 결정하고 후회하지 않는 훈련

저는 X에게 물었습니다.

"스스로 결정하고 후회하지 않은 적이 있나요?"

"스스로 결정한 적이 없지는 않았지만, 늘 후회했어요. 그래서 다른 사람을 따라 하거나 조언을 듣는데, 그래도 결국 후회하긴 마찬가지죠."

결정을 내리지 못한다고 하는 사람을 잘 살펴보면 '정말 결정을 내리지 못하는 사람'과 '어떻게든 결정은 내리지만 후회하는 사람'이 있습니다. X는 어떻게든 결정은 내리지만 후회하는 쪽이었죠. 그래서 저는 X에게 '스스로 결정하고 후회하지 않는 훈련'을 제안했습니다.

"세상에 완벽한 결정이란 없어요. 어딘가 아쉬운 부분이 있게 마련이죠. 맛있고 칼로리까지 낮은 음식은 비싸거나 양이 적은 것처럼요."

"맞아요, 그래서 저도 매번 후회해요."

"후회하는 이유는 비싸고 양이 적다는 데만 주목해 다른 장점을 잊어버리기 때문이에요. 후회하지 않으려면 맛있고 칼로리가 낮다는 점에 초점을 맞추면 되죠. 이제부터 그런 훈련을 해볼까요?"

저는 X에게 다음 날부터 아래와 같은 훈련을 해보라고 제안했습니다.

- 스스로 무언가를 결정하고, 그걸 선택해서 좋은 이유를 열거한다(하루 1회).
- 이 훈련을 3주간 계속한다.

보통 '어떤 일을 3주간 계속하면 습관이 된다'고 합니다. 3주가 너무 길게 느껴지면, 우선 3일만 도전해보세요. 3일이 1주가 되고, 1주가 2주로 이어질 테니까요. 그렇게 계속하다 보면 어느덧 습관이 되어 내 선택에 자신감이 붙기 시작할 거예요.

좋은 점을 찾아 후회 떨쳐내기

〈뉴욕타임스The New York Times〉의 칼럼니스트 데이비드 브룩스David Brooks는 자신의 책《소셜 애니멀The Social Animal》에서 "인간은 이성이 아니라 감정에 따라 의사결정을 한다"고 단언했습니다. 우리가 결정을 내리지 못하는 이유는 내 감정이 무슨 말을 하는지 귀를 기울이지 않아서인지도 모릅니다.

정리 컨설턴트 곤도 마리에近藤 麻理惠는 집에 둘 물건과 버릴 물건을 결정할 때, 그 기준을 '가슴이 설레는지 안 설레는지'로 세우라고 제안합니다. 우리도 어떤 결정을 내릴 때 "좋아? 싫어?" 혹은 "설레? 안 설레?" 하고 자문해보면 어떨까요? "좋아"라는 대답이 늘어날수록 마음도 건강해질 것입니다.

물론 삶의 중요한 선택을 앞두고 감정만을 고려해선 곤란할 겁니다. 이해득실을 철저히 따져서 결정해야 하는 순간도 많죠. 하지만 일상의 작은 결정들이라든지, 이해득실이 엇비슷한 선택의 경우, 마지막 순간 그냥 더 마음이 이끌리는 쪽으로 가는 게 나중의 후회를 줄일 수 있습니다.

또, 어떤 선택이든 좋은 점이 전혀 없지는 않을 거예요. 일장일단이 있겠지만, 우선 좋은 점에 집중해보세요. 그래야 결정을 내리는 즐거움을 제대로 느끼게 되어, 조금씩 스스로 결정하는 영역을 넓혀갈 수 있습니다.

여러분이 정말 결정을 내리지 못하는 사람이라면 하루 한 번 '스스로 결정하는 훈련'을 해보세요. '몇 시에 일어날까?' '어느 길로 갈까?' '뭘 먹을까?' 등등, 아주 사소한 일이라도 괜찮습니다. 그리고 그걸 선택해서 좋았던 점을 찾아야 합니다. '6시에 일어났더니 전철이 한산하네' '오른쪽 길로 갔더니 꽃이 화사하게 피어 있었어' '햄버거를 먹었더니 힘이 나' 하고 스스로의 선택을 격려해주세요. 분명 좋은 점이 보일 겁니다.

선 긋기의 기술

▶ 마음과 생각 일치시키기

마음 "스스로는 결정을 못 내리면서 남 탓이나 하는 내가 싫어."
생각 "내 성격이 우유부단한 원인을 찾아서 해결하고 싶어."

마음과 생각은 스스로 결정하는 사람이 되고 싶다는 점에서 일치하고 있으며, 그 해결책으로 '우유부단한 원인을 찾아서 제거하는' 방법을 고려하고 있습니다. 원인을 찾으려면 찾을 수도 있겠지만, 먼저 '어떻게 하면 스스로 결정할 수 있을지' 생각해보아야 할 것 같네요.

▶ 나에게 던지는 질문

"그걸 선택해서 좋았던 점이 뭐야?"

— 우유부단한 성격이 꼭 나쁜 것은 아니죠. 우유부단하다는 건 '신중하다'는 말의 다른 표현일 수도 있으니까요. 따라서 이런 자신의 성격을 나의 좋은 점으로 받아들이는 것부터 시작해야 합니다.

— 하지만 선택에 따른 기회비용에 집착하는 버릇은 버려야 합니다. 때에 따라 내 선택의 결과를 냉정하게 가늠해보는 일이 필요하긴 하지

만, 내 모든 선택을 그렇게 평가할 필요는 없습니다. 오히려 내 선택이 어떤 좋은 결과를 낳았는지 그 장점을 열거해보며, 선택하는 일과 친해져야 합니다.

— 선택하는 일과 친해질수록 우유부단한 나와는 멀어질 수밖에 없는데요. 아까 말했듯이 우유부단한 게 꼭 나쁜 것만은 아닙니다. 빠른 선택이 자칫 큰 실수를 불러올 수도 있고요. 신중한 나와 선택이 빠른 나 사이에 수평선을 긋고, 그 선 위를 적절히 왔다 갔다 할 줄 아는 균형 감각이 필요합니다.

제 외모에
자신이 없어서
위축이 돼요

저는 제 외모에 자신이 없습니다. 특별히 나쁘지는 않고 객관적으로 봤을 때 평범한 편이지만, 주위에 잘생기고 예쁜 사람이 워낙 많아서 그런지 저는 수준이 한참 떨어진다는 생각이 듭니다. 그래서 자꾸 비굴해집니다. 외모에 콤플렉스가 없었다면 성격도 더 밝고 귀여웠을 테고, 분명 연인도 있었을 텐데……. 이런 제가 너무 싫습니다.

모태솔로의 이유

Y는 참한 분위기를 풍기는 미인입니다. 그런데 제가 그렇게 말했더니 "아니에요, 전 그 정도로 매력 있지 않아요" 하면서 부끄러워했습니다.

Y는 외모에 강한 콤플렉스를 가지고 있었습니다. 주위에 늘 예쁜 아이들이 가득했기 때문이죠.

"저희 언니가 미인이거든요. 어릴 때부터 친척 어른들이 언니를 보며 '우리 ○○는 참 예쁘네. 배우 해도 되겠다'라고 칭찬을 많이 하셨어요. 중·고등학생 때는 같은 반 남자애들이 '너희 언니 좀 소개시켜줘'라고 저를 따라다니며 괴롭혔고요. 대학교에 가서도 어쩌다 정말 귀여운 친구랑 같이 다니게 됐는데, 남자애들이 이 친구랑 가까워지려고 저를 이용하는 일마저 있었어요."

Y는 예쁜 친구를 따라 메이크업이나 헤어스타일에 공을 들이기도 했고 성형외과에도 기웃거려봤지만, 왠지 그런 자기 모습이 가짜처럼 느껴졌다고 했습니다. 그러면서 '난 애써봐야 이 정도야'라며 실망하기 일쑤였죠.

"외모도 외모지만 비굴한 태도 때문인지, 좀처럼 남자들에게 인기가 없었어요. 그래서 스물일곱인 지금까지 모태 솔로

예요."

저는 Y에게 물었습니다.

"당신 언니나 그 예쁜 친구와 생김새가 똑같아지면 자신감이 생길까요?"

"그렇게만 된다면 얼마나 좋을까요? 단 하루만이라도 그 외모로 살아봤으면 좋겠네요."

진짜로 원하는 것 깨닫기

외모 콤플렉스만큼 우리를 비참하게 하는 것도 드뭅니다. 그것은 우리의 출생 배경이라든가 지능과 마찬가지로, 우리의 노력이나 선택과 상관없이 '타고나는' 것이란 점에서 더 우리를 씁쓸하게 하죠. 노력한다고 달라지는 데도 한계가 있고요. 안타깝지만, 이 점을 인정하고 받아들이지 않는 이상 문제를 해결할 수는 없습니다.

다행인 것은, 의학의 도움 없이 외모를 원하는 대로 바꾸기는 어렵다 해도, 외모에 대한 우리의 태도는 바꿀 수 있다는 점입니다. 저는 Y에게 이 점에 대해 설명하고 질문을 하기 시작했습니다.

"만약 예뻐진다면 뭘 얻을 수 있을까요?"

"남자친구도 생길 테고, 누군가를 부러워하거나 질투하지 않고 나 자신에 대해 만족하면서 행복하게 살겠죠."

"예쁜 외모와 남자친구가 있는 만족스러운 생활. 어느 쪽이 더 끌려요?"

"음…. 예쁜 외모요?"

"정말 그런가요? 만약 예쁘기만 하고, 평생 남자친구 없이 불행하게 산다면요?"

"에이, 그럼 안 되죠. 남자친구 있는 만족스러운 생활이 훨씬 낫죠."

저는 Y를 바라보며 부드럽게 웃었습니다.

"남자친구하고 날마다 즐거운 일상을 보내는 모습을 상상해 보세요. 가슴이 두근거리나요?"

"두근거린다기보다 가슴 깊은 곳까지 행복이 스며드는 느낌이에요."

"어때요, 예쁜 외모 대신 지금부터 그 장면과 느낌을 목표로 삼아보는 건요?"

Y는 곰곰이 생각하는 것 같았지만, 생기 넘치는 그녀의 눈빛에서 그녀가 진짜로 원하는 것이 무엇인지 확실히 알 수 있었습니다.

목표를 향해 1점씩

"자, 그럼 본인에게 왜 남자친구가 없는 것 같아요?"

"외모 때문에?"

"아닐걸요? 객관적으로 당신보다 외모가 부족한 사람들도 잘만 연애하잖아요. 아시죠?"

"… 네, 그렇긴 하죠. 어쩌면 외모보다는 외모 콤플렉스로 인해 생긴 태도 때문인 것 같기도 해요. 남자를 보면 '아, 저 사람이 지금 내 얼굴이 너무 길다고 생각하는 것 아냐?' 하는 생각이 들어서 위축이 되고요. 왠지 상대를 경계하게 돼요. 좀 마음에 드는 사람이 있을 때는 '저 남자는 내가 부담스럽지 않을까' 하는 생각에 처음부터 저자세를 취하기도 하고요."

이야기를 듣고 보니, 사실 Y도 처음부터 자신의 진짜 문제가 무엇인지 자각하고 있었다는 것을 알 수 있었습니다. 저는 Y에게 물었습니다.

"아까 상상했던, 남자친구와 함께 있을 때 느끼는 행복함이 10점 만점이라면, 지금은 몇 점인가요?"

"3점이요."

"그럼 우선 1점만 올려볼까요? 1점을 올리기 위해 가장 먼저 할 수 있는 일이 무엇일까요?"

"좋아하는 영화 보는 거요?"

저는 Y와 여러 방법에 대해 이야기를 나눴습니다. 진짜 목표가 무엇인지 알면 그 목표를 향해 1점씩 올리면 됩니다.

매력적인 사람의 비밀

외모 콤플렉스는 Y처럼 아주 어린 시절부터 쌓아온 경험 때문에 형성되는 경우가 많습니다. 보통 외모가 출중한 형제·자매를 두고 있을 때 이런 경향이 더 심해지죠. 어릴 때는 가뜩이나 형제·자매를 경쟁자로 인식하게 되는데, 여기에 어른들이 내가 아닌 그들에게만 외모 칭찬을 하는 걸 계속해서 지켜본다면 마음 깊숙이 상처를 입을 가능성이 큽니다.

그렇게 깊이 새겨진 상처를 하루아침에 치유한다? 그것은 거의 불가능한 일이라고 생각해야 합니다. 앞서 이야기한 것처럼 내가 진짜로 원하는 것을 발견해 그것을 이루기 위한 방법을 고민하는 것 역시 이 경우에는 근본적이고 완전한 해결책이 되긴 힘듭니다.

외모 콤플렉스는 결국 자존감 문제로 귀결이 되는데요. 이를 위해 이 책의 서두 부분에 이야기했던, 자기효능감을 끌어올리기 위한 '하루 1분 칭찬 일기'를 꼭 써보라고 말씀드리고 싶습니다. 또한 무언가 '내가 잘할 수 있는 것'을 찾는 것도 중요합니다. 콤플렉스를 느끼고 있는 부분을 개선하기 위해 애쓰는 것보다 내가 잘할 수 있는 부분에 집중해 자존감을 높이는 것이 훨씬 효율적인 해결책입니다.

아무리 외모 콤플렉스가 심한 사람도 정말 잘하는 것이 한 가지라도 있으면 언제나 당당할 수 있습니다. 누가 봐도 외모가 잘나지 않았지만 늘 당당한 사람들을 살펴보세요. 그 사람들은 왜 당당할 수 있을까요? 돈이 많아서일 수도, 몸이 좋아서일 수도, 노래를 끝내주게 잘해서일 수도 있습니다. 분명 남들이 봤을 때 대단하다고 느낄 만한 한 가지 무기를 가지고 있는 셈이죠.

이렇게 나만의 무기를 개발해 누구 앞에서도 당당한 사람이 되면, 자신감은 절로 따라붙을 수밖에 없습니다. 이런 사람이 바로 매력이 흘러넘쳐 동성·이성 가리지 않고 모두에게 인기 좋은 사람이 되는 것이고요.

한 가지 더, 외모가 출중한 사람 중에도 자존감이 낮은 사람이 있습니다. 자신의 강점(외모)은 거들떠보지 않고 오로지 자신이 부족한 부분, 이를테면 가난한 집안, 나쁜 성적 등에 집중하는 이들이죠. 이런 사람은 아무리 외모가 뛰어나도 어두운 표정 때문인지 자신감 없는 태도 때문인지 사람들에게 인기가 없습니다.

기억하세요. 매력은 외모가 아니라 태도에서 나온다는 것을요.

선 긋기의 기술

▶ 마음과 생각 일치시키기

마음 "난 저 사람만큼 예쁘지 않아. 부럽고 비참해."
생각 "난 객관적으로 보면 평범하지만, 더 예뻤다면 연인도 있었을 거야."

생각으로는 자기 외모가 보통이며 특별히 나쁘지 않다고 하면서, 마음은 주위 사람들보다 수준이 낮다고 말하는군요. 아무래도 외모 문제만은 아닌 듯합니다.

▶ 나에게 던지는 질문

"외모가 나아지면 뭘 얻을 수 있을까?"

— 외모가 변했을 때 얻을 수 있는 행복에 대해 상상해보세요. 정말 내가 원하는 건 외모 자체가 아니라 그것이 가져올 수 있는 다른 종류의 변

화라는 점을 깨달을 수 있을 거예요. 그게 무엇인지 알았다면, 외모가 아닌 다른 수단으로 그것을 얻을 수 있는 방법을 생각해봅니다.

— 외모는 우리가 가진 많은 장·단점 가운데 하나의 항목일 뿐입니다. 외모가 단점에 가깝다는 판단이 든다면, 그것을 끌어올리는 것보다는 다른 장점을 개발하는 데 집중해보세요. 무언가 잘하는 것이 있는 사람은 늘 자신감이 넘치고 표정이 밝습니다. 외모의 극적인 변화보다는 그런 긍정적인 에너지가 나를 한층 더 매력적인 사람으로 만들어 준다는 사실, 잊지 마세요.

— 비단 외모뿐 아니라 콤플렉스를 대하는 우리의 자세에 대해 고민해볼 필요가 있습니다. 콤플렉스는 나를 아프게도 하지만, 나를 더 발전시켜주는 원동력이 될 수 있습니다. 콤플렉스와 나는 어쩌면 한 팀이 될 수도 있습니다. 선 안으로 콤플렉스를 데려와 내가 앞으로 나아갈 때 내 등을 밀어줄 친구로 삼는다고 생각해보세요. 잊지 마세요. 콤플렉스가 없는 사람에게는 발전도 없습니다.

'어차피 난 안 돼'라는 생각이 머릿속을 떠나질 않아요

저는 남들보다 특별히 잘나가본 적도 없고, 뭘 취미로 삼든 금세 흥미를 잃습니다. 한마디로 모든 면에서 엉망이죠. 그래서 저도 모르게 '어차피 난 안 돼'라고 생각하곤 합니다. 얼마 전에는 친구가 "넌 '어차피 난 안 돼'란 말을 입버릇처럼 하는구나"라고 하더군요. 머리로는 그러지 말아야지 하는데, 정말 어쩌면 좋을까요? 저도 달라질 수 있을까요?

운도 없고 끈기도 없다

Z는 이제껏 한 번도 일이 술술 풀린 적이 없습니다. 입시나 취업도 난항이었고, 운동과 영어 공부, 연애도 오래가지 못했습니다. 가정이 화목하지 못한 데다 친구에게 배신도 당하고, 큰 병까지 앓아 운이 없다고 느낄 때가 많았습니다. 그러다 보니 "어차피 난 안 돼"가 입버릇이 되었고, 무슨 일이든 부정적으로 생각하는 습관이 생겼습니다. 매사를 긍정적으로 받아들이는 편이 좋다고 생각은 하지만, 마음먹은 대로 되지 않아서 힘들다고 했습니다.

저는 Z에게 물었습니다.

"이제껏 살아오면서 스스로 이뤄낸 일이나 좋았던 일이 있나요? 자전거를 타게 된 것처럼 아주 사소한 일이라도 괜찮아요."

"자전거는 탈 줄 알지만 제가 이뤄낸 일이라고 생각하지 않아요. 딱히 떠오르는 게 없네요. 좋았던 적이 없었어요."

줄곧 그런 생각으로 살았다니 Z가 얼마나 힘들었을까 싶어 마음이 아팠습니다.

"정말 좋았던 일이 하나도 없었어요? 누구한테 칭찬받은 적은요?"

"… 종종 옷이 예쁘단 칭찬을 듣긴 하는데, 이런 것도 좋은 일이라거나 칭찬이라고 봐야 할까요?"

저는 안타까운 나머지 Z에게 힘주어 말했습니다.

"옷이 예쁘다는 말은 당신이 옷을 센스 있게 잘 입는다는 말이잖아요. 당연히 칭찬이죠. 제가 봐도 패션 감각이 아주 좋으신데요?"

Z는 희미하게 웃으며 얼굴을 붉혔습니다.

이뤄낸 일, 운이 좋았던 일

Z와 저는 한참 동안 이야기를 나누었습니다. 대화를 하면 할수록 Z가 얼마나 자신감이 저하되어 있는지 느낄 수 있었죠. 다행히 Z는 그런 자신의 상태에 대해 잘 알고 있었고, 무엇보다 변화하고 싶어 했습니다.

"제가 어떻게 하면 좋을까요? 아무리 부정적인 생각을 하지 말아야지, 하다가도 운 나쁜 일이 하나씩 생기면 그럼 그렇지, 하는 생각이 드는걸요."

"단숨에 바뀔 수 있나요. 우선 내일부터 3주 동안 날마다 스스로 이뤄낸 일이나 운이 좋았던 일을 10개씩 꼽아보세요. '아침에 일찍 일어났다' '동료한테 먼저 인사했다' '전철이 한산해 앉아서 출근했다' '마침 신호등이 파란불로 바뀌었다'처럼 작은 일일수록 좋아요."

Z는 곰곰이 생각하는 듯했습니다.

"그렇게 어려울 것 같지는 않네요. 한번 해볼게요."

사람은 지나간 1분 1초를 또렷하게 기억하지 못합니다. 언제나 편집된 기억이 떠오를 뿐이죠. 그래서 무엇을 고를지, 어떻게 편집할지, 어떤 내레이션을 넣을지에 따라 과거의 모습은 크게 달라집니다. 내 과거를 내 힘으로 바꾸는 것이죠. 마찬가지로 현재와 미래도 바꿀 수 있습니다.

"오늘 내 힘으로 이뤄낸 일이 뭐지? 좋았던 일은?"이라는 질문은 여러분의 과거와 현재, 미래를 바꾸는 첫걸음이 될 것입니다.

긍정적인 생각도 습관이다

사실 그런 시기가 있었습니다. '컵이 반만 찼네'가 아니라 '컵이 반이나 찼네'라고 생각하면 더 좋다는 사실을 알면서도, '도저히 그렇게 안 돼. 어떻게 해야 하는지 가르쳐줘!' 하면서 화를 내던 시절이었죠.

다행히, 지금은 '컵이 반이나 찼네' 하고 생각할 수 있습니다. '습관'으로 만들어버렸기 때문이죠. 그렇게 되기까지 심리학 수업이 큰 힘이 됐습니다. 심리학 수업에서 만난 선생님들은 저를 볼 때마다 "요즘 어때요? 좋은 일 없었어요?" 하고 묻고는, "그거 잘됐네요!" 하면서 용기를 북돋아주었습니다.

앞에서도 여러 번 말했듯, 사람은 누군가가 질문을 하면 답을 찾습니다. 스스로는 대단하거나 좋은 일이라고 생각하지 않더라도, 누군가가 "대단하네요!" "정말 잘했어요!" 하고 말해주면 정말 그런 듯한 느낌이 들죠. 그런 과정을 반복하다 보니 어느덧 습관이 되었던 것이고요.

'어차피 난 안 돼'라는 생각을 순식간에 '안 될 것 없지'라는 생각으로 바꾸려면, 의지가 아니라 습관이 작용해야 합니다. 이것이 바로 이뤄낸 일, 운이 좋았던 일을 떠올리는 연습 다음으로 해야 할 일입니다. 이를 위해서는 되도록 지적하기 좋아하는 사람과는 거리를 두고, 용기를 북돋아주는 사람을 자주 만나세요.

지적하기 좋아하는 사람의 이야기를 듣고 '나랑 불편해질 수도 있을 텐데 이런 이야기를 서슴없이 해주다니, 이 사람은 진정한 친구야'라고 생각하는 분들이 있을지 모릅니다. 물론 정말 나를 생각해서 그런 이야기를 해주는 사람이 있을 수 있습니다. 하지만 자신감이 바닥인 사람한테 직언을 한다는 건 몸이 쇠약할 대로 쇠약한 환자의 병을 치료한답시고 무조건 수술부터 하겠다는 의사와도 같습니다. 일단 수술을 견딜 만한 몸 상태부터 만들어야 하는데 말이죠.

아첨하기 좋아하는 사람이 아니라, 진심으로 나를 응원해주는 사람을 만나세요. 그런 사람을 늘 가까이에 두고 많은 대화를 나누시기 바랍니다. 지금 당신에게 필요한 것은 날카로운 충고가 아니라 따뜻한 격려이니까요.

선 긋기의 기술

▶ **마음과 생각 일치시키기**

마음 "어차피 난 안 돼."
생각 "어차피 난 안 된다고 생각하기 싫어. 달라지고 싶어."

생각으로는 달라지고 싶어 하지만, 마음은 갈팡질팡하고 있군요. 스스로 이뤄낸 일이나 좋았던 점을 찾아보면 첫발을 내딛는 데 도움이 될 듯합니다.

▶ **나에게 던지는 질문**

"오늘 내 힘으로 얻어낸 일이 뭐지? 좋았던 일은?"

― 자꾸 일이 안 풀린다는 생각이 든다면, 내가 제대로 하는 일이 하나도 없다는 생각이 든다면, 그런 생각의 고리를 끊는 것부터 시작해야 합니다. 부정적인 생각과 나 사이에는 언제나 이중, 삼중의 절취선을 그린다고 상상해보세요. 부정적인 생각은 언제 어디서든 불쑥 불쑥 고개를 내밀기 때문에, 그럴 때마다 싹둑싹둑 잘라내는 장면을 떠올려봅니다.

― 큰 것 말고, 아주 작은 성취부터 시작해보세요. 오늘 내가 이룬 것들에 대해 생각해보고, 만약 없다면 일부러라도 작은 성취를 시도해보세요. 말라가는 화분에 물을 주어 싱싱하게 만들거나, 힘들어 보이는 동료에게 커피 한잔을 내밀어 기분 좋게 만들어준다거나 무엇이든 좋습니다.

― 듣기 좋게 이야기하는 사람을 찾아보세요. 말을 예쁘게 하는 사람은 내 정신의 영양제와도 같아요. 그러려면 나부터 그런 말을 써야 합니다. 가는 말이 고와야 오는 말이 곱다는 말은 언제고 진리니까요.

마치는 글

내 힘으로
행복을 얻는 첫걸음

끝까지 읽어주신 독자 여러분, 정말 감사합니다.

나 중심 선택을 해나가며 그에 맞춰 살아간다는 것, 마음의 목소리에 귀를 기울이고 마음과 생각을 일치시키는 것, 나와 타인 혹은 나와 수많은 감정이나 상황 사이에 제대로 거리를 두고 선을 긋는 것이 얼마나 중요한 일인지 느끼셨나요?

저는 여러분이 '정말 무엇을 하고 싶은지' '순간순간 어떻게 느끼는지' '어떤 사람이 되고 싶은지'를 이해하고, 나 중심 선택을 하며 살아가는 데 이 책이 작으나마 도움이 됐으면 좋겠습니다. 이 책을 읽고 나서 하나라도 힌트를 찾아 첫걸음을 내디딜 용기를 갖게 되었다면, '나도 꽤 괜찮은 사람이구나' 하고 생각하게 됐다면, 정말 기쁠 것 같습니다.

《갈매기의 꿈 Jonathan Livingston Seagull》으로 유명한 리처드 바크 Richard Bach의 소설 중에 《환상 Illusions》이라는 작품이 있습니다. '구세주' '신'이라는 말이 등장하지만, 종교적인 작품은 아닙니다. 이 작품에서 제가 좋아하는 대목을 짧게 소개하며, 긴 글을 마치고자 합니다.

"그대들이라면 어떻게 하시겠소?"
구세주가 군중에게 물었다.
"신이 그대들과 얼굴을 마주하고 '이 세상 사는 동안 부디 행복하라'고 말했다면 어떻게 하시겠소?"
군중이 있는 산자락과 골짜기는 적막에 휩싸여 숨소리조차 들리지 않았다.
구세주는 입을 꾹 다물고 있는 사람들에게 말했다.
"우리는 행복을 좇아 살아가면서 무언가를 배우고, 지금의 인생을 택했소. 오늘 내가 배운 점은 바로 그것이오. 그리고 이제 그대들을 떠나려 하오. 그대들 또한 부디 진정으로 원하는 길을 걷길 바라겠소."
구세주는 이별을 고하고 군중 사이를 헤치며 사람과 기계가 넘치는 세상으로 돌아갔다.

선_긋기의_기술

1판 1쇄 발행 2018년 6월 22일
1판 4쇄 발행 2018년 7월 30일

지은이 와키 교코
옮긴이 오민혜

발행인 양원석
편집장 김효선
디자인 RHK 디자인연구소 조윤주, 김미선
해외저작권 황지현
제작 문태일
영업마케팅 최창규, 김용환, 양정길, 정주호, 이은혜, 신우섭,
유가형, 김양석, 임도진, 우정아, 정문희, 김유정

펴낸 곳 ㈜알에이치코리아
주소 서울시 금천구 가산디지털2로 53, 20층 (가산동, 한라시그마밸리)
편집문의 02-6443-8863　　**구입문의** 02-6443-8838
홈페이지 http://rhk.co.kr
등록 2004년 1월 15일 제2-3726호

ISBN 978-89-255-6388-6 (03180)

※ 이 책은 ㈜알에이치코리아가 저작권자와의 계약에 따라 발행한 것이므로
본사의 서면 허락 없이는 어떠한 형태나 수단으로도 이 책의 내용을 이용하지 못합니다.
※ 잘못된 책은 구입하신 서점에서 바꾸어 드립니다.
※ 책값은 뒤표지에 있습니다.